因时施教是因材施教的核心，人生最不能错过的最佳教育时间就是儿童发展关键期。

——殷红博

幼儿教育是一种信仰，它要求每一位教师为每一个孩子付出所有的爱、所有的智慧和一生。

——殷红博

揭开人类大脑发展关键期规律的奥秘

关键期教育将改变中国人才培养和幼教理念

人才 教育 关键期

Talents Education Critical Period

殷红博 著

中国人口出版社
China Population Publishing House
全国百佳出版单位

序

关键期、杰出人才、创新国家

一、人才资源，强国之本

现代高科技社会的经济全球化大趋势使得人才资源已取代物质资源成为第一战略资源，人才成为国家的第一财富。当代世界发达的国家如美国、德国等都把人力资源作为国家发展的第一战略，并将人力资源对国家经济发展的贡献远远超过物质资源。美国经济学家诺贝尔奖得主贝克尔指出：在美国经济发展中人力资源的贡献是物质资源的3～4倍。在德国的经济发展中人力资源的贡献水平与美国相似，而对于自然资源贫乏的日本，在其经济发展中人力资源的贡献更是物质资源的5倍以上。人才资源在国家各行各业中越来越起到决定性的作用。可以预见，随着科技的不断发展和全球化进一步的深化，人才资源在国民经济中的作用必将越来越重要，未来国家之间的竞争其核心必将是人才的竞争和人才培养能力的竞争。中国能否成为自主创新、经济可持续性发展的国家，人才战略才是发展之本、强国之本。

二、杰出人才将是未来创新型国家核心标志

未来的创新型国家的各行各业不但需要大批的人才，更需要人才中的精英——杰出人才。这些杰出人才将是未来创新型国家的核心发展动力和基石。现代科学技术的飞速发展和经济、文化、教育的全球化大趋势，对未来二三十年社会杰出人才的综合素质提出了更高的要求，“精英型全素质通才”将是未来杰出人才的核心素质。因为，未来社会科技的飞速发展，各种知识的快速更新，要求每一个人不仅必须具备全面的知识结构和多种能力储备，而且必须具备适应职业变换和承担各种社会责任的优势心理素质。同时，未来社会教育、医疗、保健、营养等的综合发展使人的寿命逐渐延长，造成社会的老龄化趋势日益严重。为了控制人口，世界人口出生率逐渐下降，新生人口减少，这就使得创造社会财富的中坚人才大量减少。这也就意味着要更多地培养精英式的人才，以少数的人创造更多的社会财富才能保证社会正常、稳步地可持续发展。到那时我们可以看到，在管理领域和科研领域高学历者的比例将达到现在人们无法预计的程度。

三、未来的人才重在学前教育

近几百年的世界文明发展史已经证明：科学技术、管理体制、教育对国家的发展有着不同的促进作用。科学技术领先的国家，它的优势可能保持 10 年；管理体制领先的国家，它的优势可能保持 20 年；而教育领先的国家，它的优势可能保持 30 年。如果一个国家科学技术、管理体制和教育都处

于领先地位，那它的领先优势可能要保持50年以上。要创建一流的国家就必须有一流的人才；而一流的人才来自于一流的教育；而一流的学前教育更是整个教育体系的重中之重，也是整个终身教育的重中之重。教育是人才培养的基础阶段，尤其7岁前的学前教育阶段更是人才培养的核心阶段和最关键的第一步。学前教育是人才培养战略的核心基础，是整个终身教育的重中之重。因为现代脑科学和心理学研究表明：决定人一生发展水平的智能体系、知识体系、价值体系、社会性与品德体系、认知模式与行为习惯以及综合个性心理品质等几乎都在7岁前奠定了发展的基础，从而决定了一个人一生的事业成功水平和生存质量。20年后社会各个领域的杰出人才不是那个时代培养出来的，而是今天科学、系统、一流的学前教育的结果。当今世界发达国家，人才培养的一个最成功的方面就是很早就注重学前教育的研究并拥有高水平的、适合本国和未来社会发展的学前教育体系，并且每年都加大学前教育的投入力度。学前教育不断的创新，进入了可持续发展的良性循环，并拥有大量原创自主知识产权的研究成果。

美国、日本、德国很早就把教育发展战略作为国家优先发展战略，尤其关注学前教育的创新与发展。例如，美国每位总统上任后都对学前教育表示极大的关注，如克林顿总统在任期间多次提出学前教育发展战略，甚至关注到每个班级孩子的数量。学前教育不仅仅是整个教育体系的核心基础阶段，更是人才培养体系的核心基础阶段。发达国家不但很早就建立了“国家人才培养战略”,更重要的是建立了“国家人才培养早期教育发展战略”。

中国是个人口大国,总人口约占世界的1/5,人均自然资源与经济资源却大大低于世界的平均水平,其中耕地只有世界人均占有量的1/4,石油只有世界人均占有量的1/8,森林不及世界人均占有量的1/6,淡水不及世界人均占有量的1/4。自然资源的发展与人口的增长存在着极大的反差,自然资源与经济资源的人均占有量日趋减少。中国能否实现经济腾飞赶超世界发达国家,中国能否建成自主创新经济可持续性发展的新型国家,人才战略是中国的发展之本、立国之本,而要实现人才发展战略就必须建立与之适应的创新型教育体系,尤其是建立学前教育创新体系。日本的自然资源水平极度贫乏甚至不如中国,一个世纪之前日本就注重人才培养和教育的创新,尤其注重学前教育的研究和实践,大力发展多种形式的学前教育体系。有许多适合本国国情具有世界影响的学前教育理论和教育观念是日本经济发展的重要因素之一。大量事实证明一个发展中国家只有从学前抓起才能在不远的未来造就出属于自己国家的人才群,而这些人才群的价值将足以改变国家的命运。纵观我国人才发展的现状与趋势,我国迫切需要适合本国国情和未来发展的、具有自主知识产权的自主创新型学前教育体系和人才培养早期教育创新策略。

四、先进的儿童发展关键期教育是培养未来杰出人才的最佳途径

7 岁前儿童大脑发展关键期的研究和关键期教育是目前国际脑科学、儿童心理学和儿童教育学领域最关注、最前沿的科研课题之一。发展关键期的创新性研究成果将极大地改变当代和未来学前教育的理念、原则和教育方法，同时也将带来学前教育的革命性变革和质的飞跃。

每个人的大脑发育只有一次，7 岁之前是人的大脑发育最快的时期，也是决定人的大脑最终发达程度的唯一时期。大脑的这种发育规律，决定了 7 岁之前是人的大脑功能全面发展的关键期，人的大脑的组织结构的发展和成熟，直接决定了人的大脑综合功能的发展，而大脑综合功能发展最快的时期，则被心理学界称为“发展关键期”。发展关键期即是指，人类的心理、能力、行为、观念、语言等方面的发展在某一时期发展最快，最容易受到正面或负面的影响，如果某种能力在关键期得到科学、系统、适时的训练，则会促进相应的大脑组织结构的优势发展，那么这种能力也将得到最佳的开发，而一旦错过关键期或是在关键期得到的是不科学的错误的影响，人的大脑相应的脑组织结构会造成长期难以有效弥补的发育不足，这将带来脑功能的发展缺陷，外在表现为人的一些能力和行为等以及综合心理素质发展严重落后。因此，一旦错过了孩子发展关键期的科学、系统的教育，那么对孩子所造成的发展阻碍将是难以补偿的。美国著名心理学家布鲁纳在谈到关键

期的重要性时指出:6岁前一年的教学效果也许以后8~9年的教育都难以达到,6岁前发展关键期的教育对孩子一生发展的重要性,我们用什么样的语言来形容都不过分。

我们经过30余年,3万余人次的长期跟踪研究实验和广泛的教学实践,在国际上首次提出儿童发展关键期的五大定律:相似规律、时间规律、持续规律、水平规律、优势规律。

我们研究发现,人类50%的发展关键期在3岁之前,人类70%的发展关键期在7岁之前。7岁也许不到人生的10%却几乎决定了人生的100%。我们研究了古今中外600余位各行业的杰出人才的综合素质特征和发展规律表明:杰出人才的核心素质,如认知模式、记忆模式、价值观、关键观念、思维习惯、学习心理以及独立性、自信心、责任感、使命感、爱心、信仰、道德意识以及人格特征都是在7岁前的发展关键期奠定了发展的基础并影响人的一生。许多诺贝尔奖获得者和各行业的大师级领袖人物当被问到:“哪个阶段的教育对您一生的影响最大?”他们的回答都是:“学前教育阶段对我一生的影响最大”。他们认为影响他们一生的价值观、是非观、学习兴趣、学习习惯、交往习惯以及独立性、自信心等都是在学前阶段养成并影响终生的发展。

五、7岁前的儿童发展关键期教育将全面地提升全民族的素质

7岁前儿童发展关键期教育能够有效地培养未来杰出人才,但是它最根本的教育目的和教育效果是能够全面地开发每一个孩子的潜能，使每一个孩子都得到理想的教育。从而为未来的发展打下坚实的基础。我们根据2～7岁儿童发展关键期规律和特征，创设开发出了《儿童发展关键期全素质教育体系》。该体系包括幼儿园管理体系与幼儿园课程体系。1997年我们创办"北京博凯智能全纳幼儿园"，从中运用该体系取得了良好的教育效果，其中包括具有各种天赋的孩子、发展正常的孩子和各种残疾孩子。不少幼儿毕业后，他们在学校中的学习成绩名列前茅，学校对他们的总体评价是：非常聪明、独立性强、充满自信、多才多艺、好学好问，尤其是优势的心理素质为他们潜能的自我开发打下了坚实的基础。还有许多幼儿毕业生在美国、加拿大、英国、日本等发达国家的中、小学更是表现出了中华民族特有的成材优势，这些毕业生在许多方面都远远超过同龄的外国儿童，并考取了国内外名牌大学。

科学、系统、适时的关键期教育能让每一个孩子的智能素质、心理素质、体能素质、艺术素质、语言素质、数学素质以及综合的学习能力和完整人格都得到充分的开发，为一生的发展打下良好的基础。如果儿童发展关键期教育能够全面的普及将全面提高整个中华民族的素质。因为每一个经过儿童发展关键期全面教育的孩子都具备了未来持续发展的潜能。

目 录

创新理论篇

第一章 人类大脑发展关键期 …………………………… 3

第一节 什么是大脑发展关键期 ……………………… 3

第二节 大脑发展关键期五大规律 …………………… 7

第二章 《儿童发展关键期心理学》简介………………… 9

第一节 《儿童发展关键期心理学》主要内容………… 9

第二节 《儿童发展关键期心理学》核心学术思想 …… 14

1. 发展关键期是人一生最重要的发展阶段 ………… 14

2. 让每个儿童的智能心理素质和人性心理素质在关键期全素质发展 ……………………………… 14

3. 未来杰出人才的核心素质来自于7岁前的儿童关键期教育 ………………………………… 15

4. 50%的发展关键期在3岁之前,70%的发展关键期在7岁之前 ……………………………… 15

第三节 《儿童发展关键期心理学》四大创新理念 …… 17

第一理念:关键期最佳发展理念 ……………………… 17

第二理念:关键期培养优势悟性思维理念 …………… 17

第三理念:人性心理素质整合发展理念 …………… 19
第四理念:关键期自主学习理念 …………………… 19
第三章 《未来杰出人才教育学》简介 ………………… 22
第一节 什么是杰出人才 ……………………………… 22
第二节 《未来杰出人才教育学》主要内容 ………… 24
第三节 《未来杰出人才教育学》核心学术思想 ……… 26
1. 杰出人才是未来社会的中坚力量 ……………… 26
2. 未来杰出人才来自于今天的先进学前教育 ……… 26
3. 未来杰出人才来自当今杰出人才的影响 ……… 26
4. 让今天的天才都成为未来的杰出人才 ………… 26
第四节 《未来杰出人才教育学》五大创新理念 ……… 31
第一理念:杰出人才核心素质关键期养成理念 ……… 31
第二理念:需要与动机的第一反应理念 …………… 31
第三理念:大师指导下的广闻博见理念 …………… 32
第四理念:关键观念优势建立理念 ………………… 32
第五理念:在关键期建立优势人性心理素质理念 …… 32
第四章 《儿童发展关键期教育学》简介 ……………… 37
第一节 未来教育发展大趋势 ………………………… 37
第二节 《儿童发展关键期教育学》主要内容 ……… 42
第三节 《儿童发展关键期教育学》核心学术思想 …… 45
1. 因时施教是因材施教的核心 ………………… 45
2. 根据杰出人才素质和关键期规律全面开发儿童的潜能 ……………………………………………… 45

3. 让每个儿童都具备能人所不能的优势素质 ……… 46
4. 让儿童具备强健的体魄是学前教育第一核心目标 …………………………………………………… 46
第四节　《儿童发展关键期教育学》七大创新理念 …… 49
第一理念:让儿童全领域安全第一理念 ………… 49
第二理念:以未来杰出人才素质为教育总目标理念 ……………………………………… 49
第三理念:根据儿童发展关键期创设教学体系理念 ……………………………………… 49
第四理念:把身体素质作为儿童教育第一目标理念 ……………………………………… 50
第五理念:让每个孩子具备能人所不能的优势素质理念 ……………………………………… 52
第六理念:让儿童具备优势的独立发展能力理念 …… 55
第七理念:让儿童具备优势人性心理素质理念 ……… 58
第五章　《儿童发展关键期智能全纳教育学》简介 ……… 64
第一节　《儿童发展关键期智能全纳教育学》主要内容 ………………………………………… 64
第二节　《儿童发展关键期智能全纳教育学》核心学术思想 ………………………………… 69
1. 让每个儿童在关键期建立平等、尊严的生存意识 ……………………………………………… 69

2. 让每个儿童尽早掌握与不同能力水平人交往的模式 …… 69
3. 每个成人必须具备"为了一切孩子"的儿童观 …… 69
第三节 《儿童发展关键期智能全纳教育学》三大创新理念 …… 72
第一理念:尊严与平等发展理念 …… 72
第二理念:共同促进发展理念 …… 72
第三理念:提升、补偿、矫正理念 …… 72
第六章 《儿童发展关键期教师心理学》简介 …… 73
第一节 《儿童发展关键期教师心理学》主要内容 …… 73
第二节 《儿童发展关键期教师心理学》核心学术思想 …… 77
1. 幼儿教师首先要成为幼儿心理学家 …… 77
2. 幼儿的健康心理来自于教师的健康心理 …… 77
3. 在教师心中每一个孩子都是独一无二的,都是未来杰出人才 …… 77
第三节 《儿童发展关键期教师心理学》三大创新理念 …… 81
第一理念:教师要把提高全民族的综合素质作为核心职业目标理念 …… 81
第二理念:挑战自己并教会学生学会挑战理念 …… 81
第三理念:把能人所不能作为师生共同具备的发展素质理念 …… 82

第七章　《儿童发展关键期教师教育学》简介 …………… 84

第一节　《儿童发展关键期教师教育学》主要内容 …… 84

第二节　《儿童发展关键期教师教育学》核心学术思想 …………………………………… 89

1. 儿童教育是人生的信仰 ………………………… 89

2. 先进的教育体系是教育的灵魂 ………………… 89

3. 教师与孩子共同成长 …………………………… 90

第三节　《儿童发展关键期教师教育学》三大创新理念 …………………………………… 94

第一理念:让先进的关键期教育改变孩子的命运理念 ………………………………… 94

第二理念:让孩子自己主动地学会学习理念 ……… 94

第三理念:让每节课都成为孩子快乐的精彩学习时刻理念 ……………………………… 94

第四节　现代幼儿教师的核心素质要求 …………… 99

第五节　现代幼儿教师的基本教育任务 …………… 106

实践成就篇

第一章　儿童发展关键期全素质教育体系 …………… 121

第二章　7 岁前儿童关键期优势发展关键要素 ……… 127

第三章　7 岁前儿童关键期教育关键要点 …………… 147

第四章　7 岁前儿童应该完成的事情 ………………… 163

第五章 3岁、6岁、7岁、9岁儿童优势超常发展行为量表 …… 173
第六章 高科技教育技术全面提升教育效能和教学质量 …… 186
第一节 现代高科技将引领教育的创新革命 …… 186
第二节 现代高科技教育技术将更有效地提高和改变中国幼教领域目前存在的差距 …… 189
第三节 儿童关键期多媒体教学一体机使儿童关键期教育进入电子时代 …… 189
第四节 儿童关键期教学一体机五大学术创新 …… 190

创新理论篇

第一章　人类大脑发展关键期

第一节　什么是大脑发展关键期

7 岁前大脑发展关键期的研究和关键期教育是目前国际脑科学、儿童心理学和儿童教育学领域最关注、最前沿的科研课题之一。发展关键期的创新性研究成果将极大地改变当代和未来学前教育的理念、原则和教育方法,同时也将带来学前教育的革命性变革和质的飞跃。

每个人的大脑发育只有一次,7 岁之前是人的大脑发育最快的时期,也是决定人的大脑最终发达程度的唯一时期。大脑的这种发育规律决定了 7 岁之前是人的大脑功能全面发展的关键期,同时也是全面开发大脑潜能的关键时期。我们认为,现代早期教育的最根本目的就是最大限度地开发每个孩子的全方位潜能,尤其是开发每个孩子独特的能人所不能的优势潜能,而要达到对孩子大脑潜能最佳开发的目的,就必须根据大脑的发展关键期规律开展针对性的科学、系统、适时的早期教育。

人的大脑的组织结构的发展和成熟直接决定了人的大脑

综合功能的发展,而大脑综合功能发展最快的时期,则被心理学界称为“发展关键期”。发展关键期即是指人类的心理、能力、行为、观念、语言等方面的发展在某一时期发展最快,最容易受到正面或负面的影响。如果某种能力在关键期得到科学、系统、适时的培养,则会促进相应的大脑组织结构的优势发展,那么这种能力也将得到最佳的开发,而一旦错过关键期或是在关键期得到的是不科学的、错误的影响,人的大脑相应的脑组织结构会造成长期难以有效弥补的发育不足,这将带来脑功能的发展缺陷,外在表现为人的一些能力和行为等综合心理素质发展严重落后。例如,我们都知道的狼孩、猪孩、狗孩的悲惨事例,这些孩子都是发育正常的人类的后代,但都因为在 7 岁前的发展关键期远离了人类的生活环境,缺乏科学、系统、及时的教育,尽管后来专家进行了长期的补偿性开发和教育,他们仍然无法达到同龄人能力的 1/10。例如,出生 8 个月左右是婴儿爬行关键期,许多婴儿没有经过爬行训练或很晚才进行爬行训练,他们比在关键期经过爬行训练的婴儿在运动知觉、空间认知、语言能力以及综合智力水平方面都表现出相对的落后。又如两岁左右是婴儿平衡、协调能力发展的关键期,在这一时期没有经过专门训练或很晚才进行训练的婴儿,他们的综合运动素质、独立性、自信心、灵活思维与创造思维都明显落后于经过训练的孩子。又如 3 岁左右是幼儿永久性记忆发展的关键期,在这一时期没有经过记忆训练或很晚才进行记忆训练的幼儿,他们的记忆能力比经过专门训练的孩子无论在记忆速度品质和记忆保持品质方面相差3～10倍。更重要的是他们的注意模式、观察模式、记忆模式甚至思维模式以及综合智力水平比专门训练的孩子明显落后。许多在3岁左右记忆发展关键期经过科学、系统、适时的记忆力训练的幼儿，他们3岁、4岁时的记忆内容可以保持十几年甚至终生。因此，一旦错过了孩子发展关键期的科学、系统、适时的教育，那么对孩子所造成的发展阻碍将是难以补偿的。

我们可以错过许多事情，唯独不能错过7岁前幼儿发展关键期的教育。7岁前幼儿发展关键期的教育将影响幼儿的一生。

第二节 大脑发展关键期五大规律

作者经过30余年3万余人次的长期跟踪研究实验和广泛的教学实践,针对7岁前儿童大脑发展关键期数十个领域进行了反复研究和探索,在国际上首次提出人类7岁前儿童发展关键期的五大规律:相似规律、时间规律、持续规律、水平规律、优势规律。

儿童发展关键期规律一:相似规律

发展关键期的相似规律是指,每个发展正常的人的各种关键期的产生、发展、成熟呈现出相似的年龄特征发展规律,各种关键期总是表现出相似的出现顺序和发展顺序。

儿童发展关键期规律二:时间规律

发展关键期的时间规律是指,人的各种发展关键期出现的时间不一样,越低级、简单的心理过程的发展关键期出现的越早,越高级、复杂的心理过程的发展关键期出现的越晚。

儿童发展关键期规律三:持续规律

发展关键期的持续规律是指,在7岁前越早出现的发展关键期持续的时间越短,越晚出现的发展关键期持续的时间越长。

儿童发展关键期规律四:水平规律

发展关键期的水平规律是指,人的生理机制和遗传素质影响着发展关键期的产生和发展。智力水平低下的儿童7岁前的发展关键期出现的较晚，持续的时间较短，有许多发展关键期甚至不出现；智力水平较高的儿童 7 岁前的发展关键期出现的较早，持续的时间较长。

儿童发展关键期规律五：优势规律

发展关键期的优势规律是指，人类不同年龄阶段发展关键期出现的数量有明显差异，其中 3 岁左右和 7 岁左右关键期出现的最多。从 0 ~ 3 岁关键期出现的数量是逐渐增多，3 ~ 7岁处于平稳发展期，7 岁以后关键期的数量逐渐减少。随着年龄增长，7 岁左右关键期的出现达到高峰，随之关键期出现的数量逐渐减少。

第二章 《儿童发展关键期心理学》简介

第一节 《儿童发展关键期心理学》主要内容

《儿童发展关键期心理学》是作者在长期对0~7岁儿童的大脑发展关键期研究中创立的心理学学科。该学科主要研究0~7岁儿童智能心理素质和人性心理素质产生、发展的关键期规律和特征,并根据发展关键期规律和特征探索儿童关键期教育的全新理念和教育体系。

《儿童发展关键期心理学》主要包括以下内容:

1. 人类大脑的基本发展规律。
2. 国内外儿童发展关键期最新研究成果。
3. 7岁前儿童心理发展的年龄特征。
4. 儿童心理发展的动力系统。
5. 儿童发展关键期的性别差异。
6. 儿童心理发展的智能差异。
7. 智能心理素质与人性心理素质。
8. 儿童发展关键期的遗传因素。
9. 儿童发展关键期的家庭因素。

10. 儿童发展关键期的教育因素。

11. 儿童发展关键期的核心规律。

12. 儿童发展关键期与智能超常儿童。

13. 儿童发展关键期与智能正常儿童。

14. 儿童发展关键期与弱智儿童。

15. 儿童智能心理素质发展关键期核心规律。

16. 儿童人性心理素质发展关键期核心规律。

17. 儿童能人所不能智能心理素质。

18. 儿童能人所不能人性心理素质。

19. 儿童能人所不能潜能与发展关键期。

20. 0～7 岁儿童注意力发展关键期的研究。

21. 儿童记忆能力发展关键期的研究。

22. 儿童观察能力发展关键期的研究。

23. 儿童思维能力发展关键期的研究。

24. 儿童创造能力发展关键期的研究。

25. 儿童悟性发展关键期的研究。

26. 儿童语言能力发展关键期的研究。

27. 儿童外语学习能力发展关键期的研究。

28. 儿童数学能力发展关键期的研究。

29. 儿童艺术能力发展关键期的研究。

30. 儿童大肌肉运动能力发展关键期的研究。

31. 儿童小肌肉运动能力发展关键期的研究。

32. 儿童体能素质发展关键期的研究。

33. 儿童情感和行为习惯发展关键期的研究。

34. 儿童学习动机与学习兴趣发展关键期的研究。

35. 儿童人性心理素质发展关键期的研究。

36. 儿童综合体能发展关键期的研究。

37. 儿童综合学习能力发展关键期的研究。

38. 儿童社会性发展关键期的研究。

39. 儿童智力结构建构发展关键期的研究。

40. 儿童道德品质发展关键期的研究。

41. 儿童知识结构建构发展关键期的研究。

幼儿健康的心理有两个最核心的标志：一是勇于探索和接受新鲜事物，二是勇于完成失败过的或受到过挫折的事情。

优势的人性心理素质对幸福人生和事业成功的作用远远超过优势的智能心理素质，而优势的人性心理素质是在7岁前奠定的核心发展基础。

第二节 《儿童发展关键期心理学》核心学术思想

作者创立的《儿童发展关键期心理学》主要有以下核心学术思想：

1. 发展关键期是人一生最重要的发展阶段

我们把人一生的心理发展分为五个阶段。

第一个阶段:发展本能阶段(0~6个月)

第二个阶段:发展关键期阶段(6个月~7岁)

第三个阶段:学习发展阶段(7岁~18岁)

第四个阶段:发展创造阶段(18岁~48岁)

第五个阶段:平衡发展阶段(48岁以后)

最重要的是不同的知识和科学文化内容在人生的不同阶段被感知、理解和掌握对人一生的发展和效果是不一样的。例如,如果一个孩子7岁之前不信任人或没被他人信任过,他这一生也许就不会信任他人了。又如一个人在18岁之前没有真正接触到宗教信仰,也许他这一生就不会真正认识到宗教信仰了。

2. 让每个儿童的智能心理素质和人性心理素质在关键期全素质发展

我们把人类的所有心理现象和心理过程概括为智能心理素质和人性心理素质。智能心理素质主要指与认知有关的注意、感知、记忆、思维、创造、想象、言语等。人性心理素质主要指动机、兴趣、情绪、情感、意志品质、性格等,如独立性、依赖性、自信心、自卑感、道德品质、诚信、懦弱、勇气、意志品质、团队意识、自我中心、自我意识等。

3. 未来杰出人才的核心素质来自于7岁前的儿童关键期教育

我们认为:未来杰出人才的核心素质在7岁前已表现出来。只有在发展关键期得到科学、系统、适时的训练才能培养出未来的杰出人才。例如,杰出人才的思维模式、学习习惯、核心价值观、核心关键观念、适应能力、悟性思维、能人所不能的素质都是在7岁前产生发展起来的。如果错过了7岁前发展关键期的良好教育,这些重要的素质就很难得到优势的发展。

4. 50%的发展关键期在3岁之前,70%的发展关键期在7岁之前

我们认为:人类的智能心理素质和人性心理素质最主要的发展关键期都在7岁之前。例如人的最重要的认知模式、记忆模式、心理模式、思维模式、道德规范、学习兴趣等都是在7岁之前产生和发展起来的。人类的智能、行为习惯、动机、兴趣、情感、性格等重要的心理素质都表现出明显的发展关键期规律。在发展关键期最容易受到正面或负面的影响,一旦形成可能会持续终生,而错过了关键期将难以补偿。尤其是50%的天才儿童在3岁前就已经表现出超出常人的天赋。90%的天才儿童在7岁前就已经表现出超出常人的天赋。

7 岁前让幼儿自如地运用与生俱来的自主学习能力，他们就会把学习当做一件快乐的事情，学习也就变成他们快乐的人生。因为学习原本就应该是快乐的。

第三节 《儿童发展关键期心理学》四大创新理念

第一理念:关键期最佳发展理念

该理念是指,人的各种能力、行为习惯、兴趣、观念等产生和发展的关键期是发展该能力潜能的最佳时期。如果方法得当,不但能花费最少的时间取得最佳的教育效果,而且这种最佳的教育效果往往可以持续一生让孩子终生受益,而一旦错过即使花费几倍的气力也难以补偿。例如一个人的各种行为习惯,在不同的时期养成和矫正有着不同的规律和特征。在7岁前的发展关键期儿童要养成一个良好的行为习惯可能需要5~10天,每天重复5~10次,而要矫正一个不良的行为习惯,可能需要10~30天,每天重复5~10次;而对于一个成年人要养成一个良好的行为习惯可能需要50~100天,每天重复10~20次,而要矫正一个不良的行为习惯,可能需要100~200天,每天重复20~30次。

第二理念:关键期培养优势悟性思维理念

该理念是指,在7岁前的发展关键期必须结合每个孩子的身心发展规律和特征开展科学、系统、适时的悟性思维培养。悟性思维的培养在国际儿童教育领域也是最困难的教育内容之一。许多发达国家也很少开展此类的教育,因为它对教师与教材的要求极高。悟性思维不发达的人几乎不可能开展悟性思维教育。悟性思维能力是人类智慧的最高水平,是人的思维能力发展的最高阶段，是与人类其他能力有着本质区别的一种能力形式。悟性思维能力一个显著的特征就是不可控制性。悟性思维常常在人们没有意识到的情况下进行并产生全新的创造性结果。悟性思维主要有以下五方面的特性：

①整合性：悟性思维最主要的表现形式就是在毫不相关的事物中找到事物之间的内在本质的规律和特征。悟性思维好的人总是在其他人认为毫不相关的事物中找到这些事物之间存在的规律和特征，而这种发现是运用其他的思维方式和智能方式无法发现的。

②简捷性：悟性思维的简捷性主要是指发现事物本质特征的思维方法和思维过程简单、快捷。悟性思维好的人总是用最简单的思维方法、最短的时间、最简易的手段找出事物的本质。

③流畅性：悟性思维的流畅性主要是指发现事物的本质特征所需要的信息量很少。悟性思维好的人常常只需要很少量的信息，即通过事物很少的部分就能发现事物的本质规律。

④创新性：悟性思维的创新性主要是指悟性思维的结果常常是前所未有的新思想、新物品、新方法。悟性思维好的人总是能独立创造出他人所难以创造的前所未有的新思想、新物品、新方法。

⑤无意识性：悟性思维的无意识性主要是指在进行悟性思维时常常是不能自我控制的，人的新思想或新方法是在无

意中产生的。悟性思维好的人,他所产生的新思想或新方法的无意识性很强,常常能在不自觉之中产生新的构想和进行创造发明,有些人甚至在梦中也能进行创造发明。

第三理念:人性心理素质整合发展理念

该理念是指培养儿童优势的人性心理素质不能单一、无系统、无计划的培养,而要根据各种人性心理素质之间的相互联系和互动性进行整合培养。例如培养孩子的独立性非常重要。因为独立性是儿童人性心理素质中最核心的心理素质之一。但是如果只注重培养孩子的独立性没有结合培养孩子的合作性、团队意识以及感恩心理和爱心,那么这样的孩子就容易变得自我中心、孤僻、冷漠、不容易与他人交往,容易在社会交往中出现各种偏差。又如培养孩子的自尊心和自信心非常重要,这也是人类的优势人性心理素质,但是如果只重视自尊心和自信心的培养而不注重谦虚、合作性、感恩、诚实心理的培养,那么这样的孩子就很容易变得虚荣、撒谎、固执、偏执。因此,培养孩子优势的人性心理素质一定要根据孩子的心理发展关键期规律,同时对各种人性心理素质进行整合、匹配、系统的培养,这样才能真正使孩子的人性心理素质得到全面的优势发展。

第四理念:关键期自主学习理念

该理念是指儿童的一切活动都是学习,而且这种学习是儿童与生俱来的自主学习,并不需要成人指导而自发产生的,这种自主的学习是与儿童的自我生长联系在一起的一种物种本能学习。儿童具有与生俱来的、好奇好问的需要、言语的需要、交往的需要、表现的需要、创造的需要、探索的需要。他们用眼睛主动的学习、用耳朵主动的学习、用双手主动的学习、用双脚主动的学习、用大脑主动的学习。这种与生俱来自主的学习在7岁前的发展关键期得到了最充分的展现。儿童也会在成人的要求下被动的学习、被动地去学习成人所要求的学习内容,但是如果成人的教育内容、教育方法以及成人的表情、语言、动作不能被儿童所接受,那么儿童的自我学习能力就会受到极大的阻碍。也就是说,如果我们的教育不科学、不系统、违背了儿童身心发展的特征,那么儿童在发展关键期所表现出来的自主学习能力不但不进步反而受到极大的阻碍。许多儿童的厌学心理由此而生,甚至影响到他一生的发展。

国际选拔人才的标准：知识不如智力、智力不如素质、素质不如悟性，而幼儿期是培养悟性的关键期。

第三章 《未来杰出人才教育学》简介

第一节 什么是杰出人才

杰出人才是指那些为社会做出创造性的杰出贡献的人。这种杰出贡献包括物质领域和精神文化领域。他们可能是某个行业的开创者，也可能是某个行业的最突出的标志性人物。他们可能是学术大师、企业的杰出管理者和领袖人物。

我们经过对古今中外600余位杰出人才和未来学的广泛研究，提出未来杰出人才具备以下的特征。这里要说明的是，并不是每一个杰出人才都具备以下26个特征，一般他们都要具备70%以上。

未来杰出人才的素质特征：

1. 接受过系统的、高质量教育。
2. 优势的人性心理素质。
3. 社会责任感和正义感。
4. 全球一体化意识和环保意识。
5. 某领域一流的专业素质。

6. 优势的智能心理素质。
7. 多种职业的适应能力。
8. 富有生活情趣和利他精神。
9. 优势的人际交往能力。
10. 在某一或几个方面表现出能人所不能的素质。
11. 优势的国际交流能力。
12. 多元文化的理解与参与。
13. 美的欣赏与创造能力。
14. 高雅的艺术素质。
15. 强健的体魄和运动能力。
16. 勇于承担责任与风险意识。
17. 优势的知识结构。
18. 创新思维模式与创新思维能力。
19. 适应未来发展的自主学习能力。
20. 优势的悟性思维能力。
21. 具有全领域的关键观念。
22. 对自然科学、社会学、文学、艺术有广泛的兴趣。
23. 对哲学、心理学、计算机科学有独到的见解。
24. 在某一领域或多领域有突出的创造性理论突破。
25. 在某一领域或多领域有突出的组织管理能力。
26. 在某一领域或多领域有突出的创造性成果。

第二节 《未来杰出人才教育学》主要内容

《未来杰出人才教育学》是作者在长期对杰出人才的产生、发展、成熟的规律和特征长期研究的基础上创立的教育学学科。他把对古今中外600余位杰出人才的研究,结合未来学总结出未来杰出人才的素质特征,并结合儿童发展关键期理论总结出“未来杰出人才早期教育理论”并在此理论基础上创设出未来杰出人才教育理论和教育体系。

《未来杰出人才教育学》主要包括以下内容:

1. 人力资源对未来社会发展的决定性作用。
2. 杰出人才的核心素质和标准。
3. 未来杰出人才的产生和发展。
4. 未来杰出人才与未来教育。
5. 未来杰出人才早期教育策略。
6. 儿童发展关键期与未来杰出人才。
7. 优势智能心理素质与未来杰出人才。
8. 优势人性心理素质与未来杰出人才。
9. 天赋与未来杰出人才。
10. 各领域的大师级人物与未来杰出人才。
11. 家庭环境与未来杰出人才。
12. 7岁前的关键期教育与未来杰出人才。

强国必先强教，强教必先强幼教。没有今天一流的学前教育就不会有未来杰出的人才。

第三节 《未来杰出人才教育学》核心学术思想

作者创立的《未来杰出人才教育学》主要有以下核心学术思想：

1. 杰出人才是未来社会的中坚力量

我们认为：二三十年后的未来社会，人力资源对社会发展的贡献将超过物质资源的10～100倍。那个时候各行业的杰出人才群对社会的贡献将是现在的10～100倍。

2. 未来杰出人才来自于今天的先进学前教育

我们认为：未来二三十年后的杰出人才不是那个时候才培养的，而是今天先进的关键期优势教育的结果。因为，未来杰出人才最重要的核心素质都是在7岁前的发展关键期产生和发展起来的。如果在7岁前的发展关键期得不到科学、系统、适时的先进教育，培养未来杰出人才就会成为一句空话。

3. 未来杰出人才来自当今杰出人才的影响

我们认为：7岁前让儿童接触各行业的杰出人才，感知他们的语言、表情和他们的思想，让儿童跟他们交流，儿童会从他们身上感受到常人没有的精神力量。同时还尽可能见识本民族和各民族先进的、传统的精神文明和物质文明。如参观各种博物馆、参加各种重要的活动。

4. 让今天的天才都成为未来的杰出人才

我们研究表明：天才占人口的1%左右，而天才成为未来杰出人才的几率远远超过正常人。或者说杰出人才70%以上都是天才,而且他们还在7岁前受到过良好的教育和家庭影响。许多天才儿童之所以没有成为杰出人才,与早期教育的缺失和家庭不良影响有着密切的关系。

在幼儿的心目中，世界上几乎一切都是可能的。这正是他们思维和生长的动力，这种动力如果没有阻碍将持续孩子的一生。

成功的因素如果有十条，少具备一条也许就无法成功；失败的因素如果有十条，你只具备一条也许就会失败。

7岁前正是幼儿是非观、价值观、人生观、学习观、世界观开始萌芽的关键时期，要让幼儿接触到那些有使命感、有爱心、有大智慧、正直的杰出人才，他们会成为幼儿一生的榜样。

第四节 《未来杰出人才教育学》五大创新理念

第一理念:杰出人才核心素质关键期养成理念

该理念是指,杰出人才的核心素质如认知模式、记忆模式、价值观、关键观念、思维习惯、学习心理以及独立性、自信心、责任感、使命感、爱心、信仰、道德意识以及人格特征,都是在7岁前的发展关键期奠定了发展的基础并影响人的一生。要培养未来杰出人才就必须在7岁前的发展关键期开展科学、系统、适时的全素质教育,只有这样才有可能培养出未来二三十年后的杰出人才。

第二理念:需要与动机的第一反应理念

该理念是指,每个人都有不同层次的心理需要和行为动机。许多影响人一生学习能力、事业成功、生活幸福的心理需要和行为动机都是在7岁前的发展关键期产生和发展起来的。作为杰出人才,他们有着与平常人不同的心理需要和行为动机,他们与平常人最大的区别就在于需要与动机的第一反应。例如,当个人利益、集体利益、国家利益冲突的时候,每个人的需要和动机的第一反应都是不一样的。又如当5岁、6岁的儿童遇到难题时,他们会有三种不同的需要和动机的第一反应:第一种儿童的第一反应是放弃;第二种儿童的第一反应是请成人帮助解决;第三种儿童的第一反应是通过自己的努力解决。因此,在7岁前的发展关键期培养儿童的需要和动机的第一反应是非常重要的。

第三理念:大师指导下的广闻博见理念

该理念是指,7 岁前让儿童在各行业大师的指导下去广闻博见、开阔视野、学习经典,建立优势的学习模式和思维模式。人们常常没有认识到儿童与生俱来的超群的自主学习能力。许多 5 岁、6 岁的儿童完全能够从语言、行为、表情、神态感知到不同人的身份和素质水平,尤其是从每个人处理事情的方式和思考问题的方式中,儿童能够潜移默化地学习这些大师的品质,这是许多成年人都不具备甚至已经消失的能力。

第四理念:关键观念优势建立理念

该理念是指,在 7 岁前让儿童建立那些影响他们一生学习、工作、生活、成败和幸福的关键观念。这些观念主要包括:安全观念、是非观念、价值观念、学习观念、道德观念、爱心观念、责任观念、属性观念、团队观念、信任观念、科学观念、时间观念等。

观念是指人们经过学习和实践形成的稳定的意识活动的指导准则。不同人们利用不同的观念系统对自己的行为、语言、思维进行计划、决策、评价,并在长期的实践活动中进行修正。其中一些观念对人的重要思维和行为起着决定性作用,我们称它为关键观念。

第五理念:在关键期建立优势人性心理素质理念

该理念是指,在 7 岁前让儿童建立优势的人性心理素质是培养未来杰出人才的核心要素之一。杰出人才人性心理素质主要有四个方面:社会责任感和使命感;公平意识和正义感;勇于承担责任和风险意识;创新思维与自我发展。

我们的研究表明:2 ~7 岁是培养杰出人才人性心理素质的第一个重要时期。培养杰出人才心理素质一般要经过以下五个阶段:自立心理阶段、自强心理阶段、自信心理阶段、自主心理阶段、自豪心理阶段。

(1)自立心理阶段:自立心理阶段是人性心理素质的萌芽阶段。在这一阶段的主要特征就是独立意识、独立观念和独立的言行表现。一个人只有真正建立了自立的心态,才能在语言、行为、情感中表现出自己的个性心理品质,才能真正让自己的才华在学习中和生活中得以施展。

(2)自强心理阶段:自强阶段是人性心理素质的基础阶段。在这一阶段主要特征是独立个性已明显建立,同时独立的认知方式和思维方式也明显表现出来,有了独特的能力倾向和兴趣倾向,能力优势和知识优势开始表现出来,在一些方面已能超过同龄人,能完成许多同龄人无法完成的事情。一个人只有真正感受到自己的能力和才华在各种活动中得到体现,才能够真正做到对自己价值的自我认知和自我意识。

(3)自信心理阶段:自信心理阶段是人性心理素质的提高阶段。一个人在无数次感受到自己在不同领域获得的成功,使他们逐渐对自己有了明确的自我欣赏和自我肯定。这种来自于无数次成功事实之上的自我发现、自我评估和自我概念,使他们逐渐找到了自信,战胜了自卑和挫折感,从而敢于面对眼前和未来所要经历的任何困难,并勇于承担任何责任。

(4)自主心理阶段:自主心理阶段是人性心理素质的真正获得阶段。一个人在对自己建立了充分的自信的基础上,逐渐形成能人所不能的个性心理特征和优势心理倾向并逐渐建立起优势的自我意识、自我评价、自我创新、自我发展、自我教育行为体系,才能够在情感上、心理上、行为上自如地把握自己并影响周围的世界。

(5)自豪心理阶段:自豪心理阶段是人性心理素质的升华。在这一阶段,人的社会意识逐渐替代了自我意识。人的社会责任感、社会价值观念成为主要的生存动力和价值体现。如果一个人处于自豪心理阶段,每天都会对工作充满热情和期待,对人生充满激情和感恩,在奉献中感受着收获,在平凡中享受着伟大和崇高。

选择往往决定一个人一生的命运，而尽早学会选择的标准和选择的方法，比学会选择更重要。

只要幼儿醒着就尽可能让幼儿处于音乐的环境中。那些适合幼儿的格调高雅、优美舒缓的音乐是幼儿身心发展的“韵律环境”。

第四章 《儿童发展关键期教育学》简介

第一节 未来教育发展大趋势

未来人才的素质要求,决定了未来教育的发展趋势。

1. 未来的教育是一种理想的“全素质通才教育”

未来社会科技的飞速发展,各种知识的快速更新,要求每一个人必须具备全面的知识修养和多种的能力、技巧以及适应职业变换和承担各种责任的心理素质。

2. 未来的教育将是一种明显的培养“精英型人才”的教育

医疗、保健、营养、健体等的综合发展使人的寿命逐渐延长,造成社会的老龄化趋势日益严重。为了控制人口,世界人口出生率逐渐下降,新生人口减少使得创造社会财富的中坚人才减少。这就意味着要更多地培养精英式的人才,以少数的人创造更多的财富,尤其在管理领域和科研领域高学历者的比例将达到现在人们无法预计的程度。

3. 未来的教育将成为高科技水平含量较高的领域

大量的最先进的教学理论、教学仪器设备将被引进到教学中，教学手段不断更新。未来的教育中高科技水平含量增加主要表现在三个方面：

一是大量高科技理论和先进的现代化知识进入教材，教学内容将有质的改变，学生的知识水平得到极大的扩展。

二是大量的先进教学仪器设备被引入教学之中，许多原先只有科研单位才能拥有的仪器设备被用来武装学校成为学生参观、试验、使用的教具。

三是先进的教学手段不断改善，尤其是多媒体教育和互联网将成为重要的教学手段。多媒体教学和网络教学的引入不但增加了单位时间里学生的学习数量，而且能有效提高教学质量，这对于开发学生的智力和改善知识结构有极好的效果。

4. 未来的教育的社会化程度逐渐增强，学校与社会不断接近、同化

未来教育的形式、内容、范围不断变化，也许有一天学校已没有了围墙成为开放的社会的一部分。电化教育的进步、电脑的互联网、远程距离教育的发展都使得学校、家庭、社会之间的差距越来越小。将来有一天，学生可以一边在学校学习，一边在家庭学习，同时又在社会的某一部门学习。这是一种综合的学习形式，对于学生的早日成才早出成就，十分有利。

5. 未来社会学生完成学业的时间大大缩短，成才的时间明显提前

教学理论、教学方法的改革以及大量高科技教学设备、教

学手段的引入，学生的学习效率和学习质量逐渐提高，因而学生在校学习时间将大大缩短。学生在校学习时间的缩短，将带来成就期的提前以至于人的整个成就期的延长，这对于一个人创造社会财富时期的延长在生理上有了可靠的保证。人类在校学习期的缩短对于早出人才、出好人才有直接的影响。许多国家对在20~26岁做出贡献的青年学者的研究发现，他们一般在13岁就已制定了未来的研究方向，并着手展开研究、探索、试验。

6. 未来教育将是一个终生的任务

终生教育已不是新的话题。1972年联合国教科文组织为此召开过国际性会议，探讨终生教育问题。近如20世纪90年代，终生教育问题日趋明确。而21世纪后的未来社会，终生教育将是每个人所必须面临的现实。传统社会将人的一生分为三部分:即上学时期，工作时期和退休时期。传统的教育认为人们在青少年时期学习的知识、技能基本上能一辈子使用，但随着科学技术的飞速发展，这种传统教育观已完全打破。美国对某学科1970年毕业生的调查表明，到1980年他们的知识老化50%，到了1986年他们的知识已全部老化过时。在未来，人在学校学习的知识技能仅占其一生知识技能总量的20%，80%的知识技能将在工作和生活中不断学习。终生教育的出现，不仅对于一个人离开学校后的工作中的学习提出了新的要求，而且也对在学校时期的学习质量提出了新的要求，即一个离开学校的学生，他不但要具备进入社会所必需的知识和技能，还必须具备进入社会后自我学习、自我创造、自我发展、提高的能力，否则必将被社会所淘汰。

基于上述未来教育的 6 个教育内容目标体系大趋势，我们必须制定与之相适应的教育目标以及教育理论和教育方法。

未来全球竞争，其核心是教育的竞争，尤其是学前教育。

第二节　《儿童发展关键期教育学》主要内容

《儿童发展关键期教育学》是作者在长期对0~7岁儿童的关键期研究的基础上，结合现代幼儿教育理论创立的教育学学科。该学科主要根据各年龄段儿童身心发展特点和关键期规律，研究儿童的教育目标、教育原则、教育计划体系、幼儿园管理体系、幼儿园课程体系和幼儿园师资选拔培养体系，指导0~7岁儿童的关键期教育。

《儿童发展关键期教育学》主要包括以下内容：

1. 儿童发展关键期与全民族素质的提升。
2. 儿童发展关键期与幼儿教育。
3. 未来杰出人才与儿童发展关键期教育。
4. 儿童发展关键期教育的基本教育目标。
5. 儿童发展关键期教育的基本教育原则。
6. 儿童发展关键期教育的基本教育方法。
7. 儿童发展关键期数学全素质教育。
8. 儿童发展关键期语言全素质教育。
9. 儿童发展关键期智能心理素质教育。
10. 儿童发展关键期人性心理素质教育。
11. 儿童发展关键期悟性思维全素质教育。
12. 儿童发展关键期关键观念全素质教育。
13. 儿童发展关键期行为习惯教育。

14. 儿童发展关键期社会科学主题教育。

15. 儿童发展关键期艺术全素质教育。

16. 儿童发展关键期社会实践能力生成教育。

17. 儿童发展关键期自然科学主题教育。

18. 儿童发展关键期体能基础素质教育。

19. 儿童体能发展关键期综合运动素质教育。

20. 2～3 岁儿童发展关键期规律和幼儿园教育。

21. 3～4 岁儿童发展关键期规律和幼儿园教育。

22. 4～5 岁儿童发展关键期规律和幼儿园教育。

23. 关键期教育与儿童发展观。

24. 关键期教育与未来儿童教育发展大趋势。

25. 儿童发展关键期教育与幼儿教师的素质。

26. 儿童发展关键期教育与终生教育。

幼儿教育最根本的目标之一，就是最大限度地全面开发每个幼儿的潜能，而开发幼儿潜能的最佳方法就是在发展关键期开展全素质优势教育。

第三节 《儿童发展关键期教育学》核心学术思想

作者创立的《儿童发展关键期教育学》主要有以下核心学术思想:

1. 因时施教是因材施教的核心

我们认为:儿童教育的最核心目标就是抓住各种能力发展的关键期最大限度地开发幼儿的潜能。根据各种能力的发展关键期制定教育内容、教育方案、教育方法和教学计划,最重要的是要对孩子进行全面、系统的开发。例如,如果朗朗和刘翔从 15 岁、20 岁才开始因材施教,那么他们绝对不会有今天的成就。所以因材施教的核心就是因时施教,只有抓住儿童发展关键期进行科学、系统、适时的教育才能收到最佳的教育效果。

2. 根据杰出人才素质和关键期规律全面开发儿童的潜能

我们认为:人类 70% 最核心的发展关键期在 7 岁之前,因此 7 岁之前是开发儿童全素质潜能的最佳期。要培养未来杰出人才就必须以未来杰出人才的核心素质为教育目标,根据儿童各种发展关键期规律和特征,创新教育理论、教育内容、教育方法,不能单一地开发儿童的一项或几项能力,而是要全面地开发儿童的智能心理素质、人性心理素质、体能素质、艺术素质、语言素质、数学素质等以及培养儿童具备优势的学习心理和完整人格。

3. 让每个儿童都具备能人所不能的优势素质

我们认为:培养孩子具备能人所不能的优势素质是儿童发展关键期教育的一个核心思想,具备能人所不能的优势素质对于儿童以后的学习、工作、生活以至于优势的生存质量非常重要。每个孩子在7岁前都会在某一方面或几个方面表现出明显的或不明显的超出同龄人的方面。尽早发现这些方面并进行科学系统的培养是让每个儿童的能人所不能的优势素质得到优势发展的重要因素。

4. 让儿童具备强健的体魄是学前教育第一核心目标

我们认为:儿童的身体素质永远是学前教育的第一核心教育目标。儿童的身体是他所有素质发展的前提和根本。儿童没有健康的身体素质就不会有健康的心理素质,更不会有未来全面的发展。如果在7岁前的儿童发展关键期,儿童没有被培养出强健的体魄与持续一生的运动兴趣和养成一生的运动习惯,这将是幼儿教育最大的失败。

成人要慎重选择幼儿接触的每一件事，因为对幼儿来说新接触到的每一件事情都是学习。在这些学习过程中幼儿会建立起自己独特的学习模式和学习习惯。

幼儿学会独立坐、独立站立、独立行走，对幼儿的身心发展非常重要，然而幼儿学会独立思考、独立行动、独立完成每一件事情对幼儿一生的发展更为重要。

第四节 《儿童发展关键期教育学》七大创新理念

第一理念:让儿童全领域安全第一理念

该理念是指,让每一个儿童获得全领域的安全保障是现代学前教育的第一理念。因为儿童只有在安全的环境中学习、生活才能够得到健康的发展。成人要为儿童建立以下全领域的安全保证。

(1)环境安全:儿童活动的场所和物品要安全。

(2)食品安全:一切食品要安全。

(3)物品安全:儿童手能接触到的物品要安全。

(4)心理安全:不要让儿童的心理发展受到伤害。

(5)成人行为安全:成人不要做出伤害儿童的行为。

(6)知识安全:成人要向儿童提供正确科学的知识。

第二理念:以未来杰出人才素质为教育总目标理念

该理念是指,要以未来杰出人才的素质制定未来教育的总目标。只有这样才能在发展关键期为未来杰出人才的发展打下坚实的发展基础。例如许多未来杰出人才应该具备的价值观、关键观念等在现代的教育中都没有被列入教学总目标,到了中、小学再培养就晚了。

第三理念:根据儿童发展关键期创设教学体系理念

该理念是指,要根据各年龄段儿童所表现出的各种关键期的规律和特征制定教学内容、教学计划和教学方法。每个教师必须明确每个孩子都是主动学习而不是被老师强迫着被动学习。只有儿童自己愿意学习了,才能收到最佳的学习效果。孩子是教育的主体,所有的教育目标孩子必须通过自身的主动学习才能真正获得。既不能拔苗助长,更不能错过关键期,因为一旦错过关键期将难以补偿。

第四理念:把身体素质作为儿童教育第一目标理念

该理念是指,要把儿童的身体健康作为儿童教育的第一教育目标。因为儿童没有身体健康就意味着没有未来、没有一切。对现在的中国儿童来说,身体健康更有着特殊的意义。我国儿童和青少年身体素质连续十年下降,15 年中中国肥胖儿童增加了 28 倍。我国儿童和青少年身体素质不但与美国、德国等西方发达国家相差甚远,与亚洲的日本、韩国也有很大差距。

我国的中、小学生身体素质不好,常常会引发各种心理问题,如易疲劳、注意力涣散、适应能力差、依赖、抑郁、焦虑、缺乏毅力、缺少责任心和团队意识等。在智力素质方面的缺陷表现为:缺乏创造力、缺乏思维的灵活性和流畅性、发散性思维水平低,由此造成学习效率和学习水平低下,影响学习兴趣的良性发展和完整人格的建立。

我们认为:培养孩子优秀的运动兴趣和强健的体魄,让孩子具备健康的身体素质是教育的第一核心目标。因为孩子没有健康的身体素质,就不会有健康的心理素质,而没有健康的心理素质就更不会有孩子未来的全素质发展。到了中、小学才开始科学、系统、针对性的体育锻炼已经太晚了。因为 3 ~ 6

岁是幼儿运动心理、运动兴趣、运动习惯、运动认知和综合运动素质发展的关键期，如果在这一时期得到科学、系统、适时的训练，那么孩子的运动心理、运动兴趣、运动习惯、运动认知和综合运动素质将得到最佳的发展，并养成持续一生的良好运动习惯终生受益。到了中、小学才开始科学、系统的体育锻炼已经太晚了。

运动能让人快乐、能让人充满激情、能够让人忘却烦恼和焦虑，是非常重要的心理调节形式。每一个正常的人，都应该热爱运动。现在大多数中国人不爱运动、逃避运动，最主要的原因之一就是在7岁前没有养成良好的运动兴趣和运动习惯。因此要培养好的运动习惯和运动兴趣必须从7岁前抓起。

殷红博教授创立的“儿童发展关键期全素质教育体系”

四大核心教育目标

第一教育目标：让孩子具备强健的身体素质和优势运动心理

第二教育目标：让孩子具备健康的心理素质和健全的人格

第三教育目标：让孩子具备能人所不能的优势潜质和全素质学习能力

第四教育目标：在孩子身心优势发展的基础上培养孩子自然和社会科学知识

第五理念:让每个孩子具备能人所不能的优势素质理念

该理念是指,能人所不能的优势素质是未来人类生存的第一要素。每一个事业成功的人都是因为他们具备了能人所不能的优势素质,而且这种素质具备的越早,成功的也越早;这种素质具备的水平越高,成就也越大。其实不仅人类社会中每一个个体的独特个性和能人所不能的素质是他成为优势生存者的核心条件,在自然界中所有的生物的生存法则都同此理。企鹅、北极熊为什么能在冰天雪地的苦寒之地生存,为什么骆驼能在炎热干旱的沙漠中生存,正是因为它们具备了"能人所不能"的生存素质使它们成为了独特环境的优势生存者。然而人类能人所不能的素质来自于人类能人所不能的潜质,而人类能人所不能的潜质的发展关键期70%在7岁之前。我们的研究发现:人类主要有24种能人所不能的潜质。如果在每种潜质的发展关键期得到科学、系统适时的开发,这种潜质就会变成决定一个人学习和事业成功的优势素质。

我们的研究表明:能人所不能的潜质并不是天才儿童的专利,每个人都具备一种甚至6种以上的能人所不能的潜质,即使是轻度弱智的儿童也一样。遗憾的是大多数的孩子进入中、小学后并没有表现出优势的能人所不能的素质,这并不是因为他们不具备能人所不能的潜质,而主要是因为他们没有在关键期得到科学、系统、适时的培养,他们的能人所不能的潜质被埋没了逐渐丧失了。在我们创立的北京博凯智能全纳幼儿园中，经过 2 ~ 4 年的教育，几乎所有的毕业生都表现出了一种以上的能人所不能的优势素质。在 0 ~ 7 岁开展关键期全素质优势教育最主要的一个任务就是开发每一个孩子能人所不能的潜质，而一旦每个孩子能人所不能的潜质得到有效的开发，这种能人所不能的优势素质将随着孩子年龄的增长越加表现出超常的发展趋势。

许多人认为儿童的能人所不能素质主要指数学天赋、语言天赋、记忆天赋、艺术天赋、运动天赋等这是不对的。殷红博教授研究表明：7 岁前儿童至少表现出几十种能人所不能素质的潜质。以下是主要的儿童 23 种能人所不能潜质及其发展关键期。如果这些能人所不能潜质中的一种或多种得到科学、系统、适时的开发，并结合儿童其他能力的全面培养，必将为儿童成为未来杰出人才打下坚实的基础。

7 岁前儿童 23 种能人所不能潜质如下：

1. 能人所不能敏捷记忆潜质（发展关键期在 2 岁 ~2 岁半）

2. 能人所不能悟性思维潜质（发展关键期在 3 岁 ~4 岁）

3. 能人所不能细节观察潜质（发展关键期在 1 岁半 ~2 岁）

4. 能人所不能好奇探究潜质（发展关键期在 2 岁半 ~3 岁半）

5. 能人所不能自主坚持潜质（发展关键期在 4 岁）

6. 能人所不能领袖交际潜质（发展关键期在 3 岁 ~3 岁半）

7. 能人所不能艺术表现潜质(发展关键期在1岁半~2岁半)

8. 能人所不能运动技能潜质(发展关键期在2岁~2岁半)

9. 能人所不能语言思维潜质(发展关键期在2岁~2岁半)

10. 能人所不能大信息多元思维潜质(发展关键期在5岁~6岁)

11. 能人所不能数学思维与推理潜质(发展关键期在5岁~6岁)

12. 能人所不能工具操作潜质(发展关键期在4岁半~5岁半)

13. 能人所不能想象创新潜质(发展关键期在4岁半~5岁半)

14. 能人所不能写作与演讲潜质(发展关键期在6岁~7岁)

15. 能人所不能哲学思维潜质(发展关键期在6岁半~7岁半)

16. 能人所不能社会适应与利他潜质(发展关键期在5岁半~6岁半)

17. 能人所不能概念理解与归纳潜质(发展关键期在6岁~7岁)

18. 能人所不能设疑与求证潜质(发展关键期在7岁~8岁)

19. 能人所不能灵活创新潜质(发展关键期在3岁左右)

20. 能人所不能专注用脑潜质(发展关键期在3岁左右)

21. 能人所不能稳定自控潜质(发展关键期在3岁左右)

22. 能人所不能自我意识潜质(发展关键期在3岁半左右)

23. 能人所不能独立学习潜质(发展关键期在2岁半左右)

第六理念:让儿童具备优势的独立发展能力理念

该理念是指,在7岁前的发展关键期让儿童具备优势的独立发展能力是开发儿童大脑潜能的核心目标之一。儿童的独立发展能力主要由以下一些素质组成:

1. 独立发现素质

独立发现素质是指通过自己的观察而不依赖他人的指导和提示,独立地发现事物的外部特征和内在规律。

具备优势独立发现素质的孩子主要表现为:

(1)常常喜欢独立的观察事物,并能发现其他人不能发现的细节。

(2)常常能够反复观察事物,不但能够关注事物的整体也关注事物的细节。

(3)常常能够明确观察的目标,发现事物的发展规律和特征。

2. 独立思考素质

独立思考素质是指能够不遵循他人的思路和提示,从自己独特的角度和经验独立地思考问题。

具备优势独立思考素质的孩子主要表现为：

（1）常常能够自己确定思考问题的方向和思路。

（2）能够不依赖成人，不受他人思路的影响。

（3）能够围绕确定的目标和主题长时间进行思考。

3. 独立解决素质

独立解决素质是指靠自己的力量独立地解决所有与自己有关的事情。即使遇到难题，遇到自己解决不了的问题也希望独立地去尝试、去探索。

具备优势独立解决素质的孩子主要表现为：

（1）常常表现出与自己有关的问题自己解决，不愿意他人帮忙。

（2）常常在独立解决问题的过程中表现出自信与快乐。

（3）常常能够表现出解决难题的勇气。

4. 独立选择素质

独立选择素质是指能够坚持自己的主见和目的，独立地进行分析和判断，并做出自己需要的选择。

具备优势独立选择素质的孩子主要表现为：

（1）常常能自己独立地对事物进行分析，不依赖他人的分析进行选择。

（2）常常有自己独立的判断标准。

（3）常常能根据事情的变化灵活地做出独立的选择。

5. 独立评价素质

独立评价素质是指有自己明确的对自己和他人的评价标

准并有独立的评价思路和评价方法。

具备优势独立评价素质的孩子主要表现为：

(1)有自己明确的评价标准。

(2)不易受他人对自己评价的影响。

(3)常常喜欢对自己的言行或对他人的言行做出独立的评价。

6. 独立行动素质

独立行动素质是指不仅仅让自己的想法和目标停留在语言上,也不希望依靠他人来实现自己的目的而是愿意通过自己独立的行动来实现自己的目标。

具备优势独立行动素质的孩子主要表现为：

(1)常常喜欢用自己独立的行动来达到自己的目标。

(2)常常表现出无论对自己的事情还是他人的事情都亲历亲为,不怕吃苦。

(3)在行动中表现出有毅力不怕挫折,喜欢用行动来证明自己的实力。

7. 独立完成素质

独立完成素质是指孩子通过自己独立的认知、独立的观点和独立的思维方式支配自己的言行,在生活和学习中无论遇到什么事情自始至终主要依靠自己的力量完成每一件事情,而不愿意依赖成人的指导和帮助。

具备优势独立完成素质的孩子主要表现为：

(1)常常能够独立发现问题并尝试独立解决问题。

(2)常常表现出能够独立思考,不依赖他人。

(3)常常能够自始至终完成一件事情,做事很少有头无尾。

8. 独立创新素质

独立创新素质是指能够独立地提出新的思路,从新的角度认识事物,并且运用新的方法解决问题。能够独立地开展创造性活动,获得有意义的创造性结果。

具备优势独立创新素质的孩子主要表现为:

(1)常常表现出对任何事情都喜欢从新的角度去思考,希望有新的发现。

(2)喜欢用新的办法解决问题。

(3)能够在许多活动中进行创造性发散思维并获得创新结果。

第七理念:让儿童具备优势人性心理素质理念

该理念是指,在7岁前的发展关键期让儿童具备尽可能多的优势人性心理素质。这些优势人性心理素质一旦培养起来不但对孩子的健康完整人格的发展打下坚实的基础,而且对决定孩子一生成功和幸福的重要核心素质的发展起着决定的作用。

优势人性心理素质主要包括以下内容:独立、规则、诚实、关爱、担当、信任、自尊、自信、毅力、感恩、勇敢、公正、勤劳、责任、上进、合作、爱惜、好奇、荣誉感、正义、追求、自豪、团队精神。

如果一个孩子生活在依赖之中,他就学不会独立。

如果一个孩子生活在放纵之中,他就不学会规则。

如果一个孩子生活在谎言之中,他就学不会诚实。

如果一个孩子生活在冷漠之中,他就学不会关爱。

如果一个孩子生活在逃避之中,他就学不会担当。

如果一个孩子生活在怀疑之中,他就学不会信任。

如果一个孩子生活在耻辱之中,他就学不会自尊。

如果一个孩子生活在失败之中,他就学不会自信。

如果一个孩子生活在忍耐之中,他就学会了毅力。

如果一个孩子生活在娇宠之中,他就学不会感恩。

如果一个孩子生活在懦弱之中,他就学不会勇敢。

如果一个孩子生活在自私之中,他就学不会公正。

如果一个孩子生活在懒惰之中,他就学不会勤劳。

如果一个孩子生活在任性之中,他就学会了责任。

如果一个孩子生活在享乐之中,他就学不会上进。

如果一个孩子生活在自我之中,他就学不会合作。

如果一个孩子生活在浪费之中,他就学不会爱惜。

如果一个孩子生活在单调之中,他就学不会好奇。

如果一个孩子生活在批评之中,他就学不会自豪。

如果一个孩子生活在讥讽之中,他就学不会有荣誉感。

如果一个孩子生活在是非不清之中,他就学不会正义。

如果一个孩子生活在孤独之中,他就学不会团队精神。

如果一个孩子生活在漫无目标之中,他就不会有追求。

(下附:西方国家家长学校教导每一位家长以下的育儿观:

如果一个孩子生活在批评之中,他就学会了谴责。

如果一个孩子生活在敌意之中,他就学会了争斗。

如果一个孩子生活在恐惧之中,他就学会了忧虑。

如果一个孩子生活在怜悯之中,他就学会了自责。

如果一个孩子生活在讽刺之中,他就学会了害羞。

如果一个孩子生活在妒嫉之中,他就学会了妒嫉。

如果一个孩子生活在耻辱之中,他就学会了负罪感。

如果一个孩子生活在鼓励之中,他就学会了自信。

如果一个孩子生活在忍耐之中,他就学会了耐心。

如果一个孩子生活在表扬之中,他就学会了感激。

如果一个孩子生活在接受之中,他就学会了爱。

如果一个孩子生活在认可之中,他就学会了自爱。

如果一个孩子生活在承认之中,他就学会了要有一个目标。

如果一个孩子生活在分享之中,他就学会了慷慨。

如果一个孩子生活在诚实和正直之中,他就学会了什么是真理和公正。

如果一个孩子生活在安全之中,他就学会了相信自己和周围的人。

如果一个孩子生活在友爱之中,他就学会了这世界是生活的好地方。

如果一个孩子生活在真诚之中,他就学会头脑平静地生活。摘自:《学习的革命》)

中国7岁前的男孩子可以不参加许多体育运动，但唯独不能错过足球运动，因为足球运动是培养幼儿优势智能素质、优势心理素质和优势体能素质的最佳运动。

能人所不能是人类优势生存第一观念。每个人都有独特的指纹和独特的潜质。每个人只要能有效运用自身独特潜质的百分之一，他就会成为优势的生存者。

7岁前的儿童绝大多数都不会反思自己的言行，而学会反思正是思维发展和心理成熟的标志之一。优秀的教师总是能够在幼儿进入小学之前让儿童明白反思自己言行的重要性。

第五章 《儿童发展关键期智能全纳教育学》简介

第一节 《儿童发展关键期智能全纳教育学》主要内容

开展体现人人平等的维护人人尊严的全纳式教育

20 世纪 80 年代,世界上倡导“全纳式教育”,即让具有各种残疾的孩子与正常的孩子一起读书学习,而不是像以前一样让他们在特殊的学校接受特殊教育。这样不但能体现人人平等的普世理念,而且对这些有残疾的孩子在心理上和教育上都是一种平等的体现。对他们以后进入社会与正常人平等交流、平等生活成为一个自食其力的劳动者十分有利,而中国目前开展“全纳式教育”的学校极少。北京博凯智能全纳幼儿园目前是开展“智能全纳式教育”的幼儿园,该园招收天才孩子、正常孩子、弱智孩子共同学习、生活,创办 16 年来取得良好的教学效果。

一、《儿童发展关键期智能全纳教育学》主要内容

《儿童发展关键期智能全纳教育学》是作者在长期对0 ~ 7

岁智力超常儿童、智力正常儿童和弱智儿童发展关键期规律和特征研究的基础上,结合现代幼儿教育理论创立的教育学学科。该学科主要根据各年龄段不同智力儿童身心发展特点,研究儿童的教育目标、教育原则、教育计划体系、幼儿园管理体系、幼儿园课程体系和幼儿园师资选拔培养体系,指导0~7岁不同智力儿童的关键期教育。

《儿童发展关键期智能全纳教育学》主要包括以下内容:

1. 智能全纳教育与社会教育
2. 智能全纳教育与儿童发展观
3. 智能全纳教育与未来儿童教育大趋势
4. 儿童发展关键期与智能全纳教育
5. 未来杰出人才与儿童发展关键期教育
6. 智能全纳教育的基本教育目标
7. 智能全纳教育的基本教育原则
8. 智能全纳教育的基本教育方法
9. 智能全纳教育与数学全素质教育
10. 智能全纳教育与语言全素质教育
11. 智能全纳教育与智能心理素质教育
12. 智能全纳教育与人性心理素质教育
13. 智能全纳教育与悟性思维全素质教育
14. 智能全纳教育与关键观念全素质教育
15. 智能全纳教育与行为习惯教育
16. 智能全纳教育与艺术全素质教育

17. 智能全纳教育与社会实践能力生成教育
18. 智能全纳教育与自然科学主题教育
19. 智能全纳教育与社会科学主题教育
20. 智能全纳教育与体能基础素质教育
21. 智能全纳教育与儿童体能综合运动素质教育
22. 2～3岁智能全纳教育规律和幼儿园教育
23. 3～4岁智能全纳教育规律和幼儿园教育
24. 4～5岁智能全纳教育规律和幼儿园教育
25. 智能全纳教育与幼儿教师的素质

幼儿大脑发育的可塑性和代偿性使得对幼儿大脑发育的缺陷进行补偿教育成为可能，7 岁前发展关键期的科学、系统的针对性教育将使幼儿大脑的缺陷有效恢复。

虽然每个幼儿的天赋不一样，但是每个幼儿都有同样的尊严和梦想。智能全纳教育让不同智能水平的幼儿拥有同样的梦想和未来。

第二节 《儿童发展关键期智能全纳教育学》核心学术思想

作者创立的《儿童发展关键期智能全纳教育学》主要有以下核心学术思想:

1. 让每个儿童在关键期建立平等、尊严的生存意识

我们认为:在7岁前的发展关键期是孩子人性心理素质产生发展的最重要时期。超常儿童、正常儿童、弱智儿童在一个课堂里一起生活、一起接受教育对他们的平等意识、尊严意识、爱心意识、人生观、价值观、社交观的发展十分重要。

2. 让每个儿童尽早掌握与不同能力水平人交往的模式

我们认为:不同智力的孩子在一起接受教育对每个类型的孩子都是一种促进、一种挑战。他们可以在相互交往中相互学习、相互帮助。因为在未来的生活中无论在哪个领域,每一个人都可能遇到智能超常、智能正常和智能低下的人。

3. 每个成人必须具备"为了一切孩子"的儿童观

我们认为:作为父母,无论你的孩子是什么智力水平,父母都应该给孩子所有的爱,并提供所能给予的一切教育和发展机会。作为一名教师,不能只是关注某一类儿童,而是要学会关注所有类型的儿童。这对教师来说,每堂课她可能要准备3~4个层次的教学内容,这对教师教学水平的提高十分有益。教师可以了解弱智的孩子为什么弱智、天才的孩子为什么天才。如何促进弱智的孩子向正常的孩子发展、如何促进正常的孩子向天才的孩子发展、如何促进天才的孩子全面的发展。真正做到一切为了孩子、为了孩子的一切、为了一切孩子。

教育有三大功能：提升、补偿、矫正。每一个优秀的教师都要为每一个幼儿准备好三套教案，提升幼儿的天赋、补偿幼儿不足、矫正幼儿的偏失。

第三节　《儿童发展关键期智能全纳教育学》三大创新理念

第一理念:尊严与平等发展理念

该理念是指,在7岁前的发展关键期要让智能超常、智能正常和智能低下的儿童共同学习,让他们感受到平等与尊严。这无论对一个国家、对一个家庭还是孩子本人都是十分重要的。因为无论是个人还是国家,一旦要让人感受不到平等和没有尊严,那么就会产生畸形的发展。

第二理念:共同促进发展理念

该理念是指,无论是智能超常、智能正常和智能低下的儿童,他们都有各自的长处和不足,让他们共同学习、共同生活、共同成长,他们之间会产生成人意想不到的促进作用。

第三理念:提升、补偿、矫正理念

该理念是指,智能超常、智能正常和智能低下的儿童在一起共同学习,接受相同的教育,但是在教育过程中教师要关注到他们三类孩子的接受水平和理解力。教师要灵活地开展提升教育、补偿教育和矫正教育,及时地提升每个孩子的优势方面,同时还要及时地对孩子的发展不足的方面开展补偿式教育,还要对孩子的缺失方面开展矫正教育。

第六章 《儿童发展关键期教师心理学》简介

第一节 《儿童发展关键期教师心理学》主要内容

《儿童发展关键期教师心理学》是作者在长期对幼儿教师的综合素质研究基础上,结合儿童发展关键期规律和特征创立的心理学学科。该学科主要研究幼儿教师职业心理、职业素质和职业生涯的发展规律和特征,并指导教师了解、把握0~7岁儿童在发展关键期所表现出来的心理特征,并为教师提出自身能力提升和培养孩子的创新性教学方法和技巧。

《儿童发展关键期教师心理学》主要有以下内容:

1. 儿童发展关键期对现代幼儿教师的素质要求。
2. 儿童发展关键期心理特征与教师的心理适应。
3. 新手教师的职业心理与职业素质形成。
4. 成功教师的职业心理与职业素质形成。
5. 专家型教师的职业心理与职业素质形成。
6. 教师的健康心理形成与分析。
7. 教师的心理健康与幼儿的心理健康。

8. 现代高科技社会与幼儿心理的发展。

9. 教师的创造性思维。

10. 教师的社会认同与心理压力。

11. 教师的智能风格与教学效果。

12. 教师的人性风格与教学效果。

13. 教师的社会心理需要。

14. 教师的职业心理需要。

15. 教师的家庭心理需要。

16. 教师对新事物的认知与接纳。

17. 教师的言语风格与教学。

18. 教师的情感风格与教学。

19. 教师的行为风格与教学。

20. 教师的职业倦怠与心理归因。

21. 教师的职业逃避与心理归因。

22. 幼儿的家庭环境与教师职业心理的影响。

23. 幼儿园管理风格与教师的职业心理形成。

24. 教师的职业心理与全新的儿童观。

幼儿园要让幼儿每天快乐地生活、快乐地游戏、快乐地学习，让知识与快乐一起记忆在幼儿的脑海中，并把这种快乐带入小学、中学……直至人的一生。

幼儿的学习方式和思维方式与成人不但有量的不同而且有质的不同。一个成功的教育工作者就是能够真正了解幼儿独特的学习方式和思维方式的人。

第二节 《儿童发展关键期教师心理学》核心学术思想

作者创立的《儿童发展关键期教师心理学》主要有以下核心学术思想：

1. 幼儿教师首先要成为幼儿心理学家

我们认为：要想成为一名优秀的幼儿教师首先必须成为一个充分了解幼儿心理的幼儿心理学家。幼儿教师是全世界最伟大也是任务最艰巨、需要付出一生的精力才能做好的工作之一。作为幼儿教师首先就必须要了解幼儿的心理，一个不了解幼儿心理的幼儿教师一定是个不合格的幼儿教师。

2. 幼儿的健康心理来自于教师的健康心理

我们认为：幼儿心理健康是幼儿身心正常发展的核心基础，而幼儿的心理健康与教师的心理健康有直接的关系，甚至决定于教师的心理健康程度。因此每一个幼儿教师必须是一个充满爱心、耐心和奉献精神的心理健康的人，只有这样才能保证每一个孩子身心健康的发展。

3. 在教师心中每一个孩子都是独一无二的，都是未来杰出人才

我们认为：每一个教师不仅应该平等对待每一个孩子、尊重每一个孩子，而且在每一个教师心中都要把每一个孩子当做唯一的个体，了解每一个孩子的特点，选择适应的方法，引导教育每一个孩子,不能简单地对所有的孩子都用同一种方法进行教育。更重要的是教师要把每一个孩子都当做未来的杰出人才精心呵护、精心教育。

7 岁前的幼儿还不完全会对自己的行为和能力进行正确的评价。他们会为每一个成人的表现所震撼和折服。这使得他们会感到压抑、紧张、自卑，所以在7 岁前每一个幼儿的每一个行为都应该得到肯定。

儿童的每一个“第一次”对他来说都是一次挑战。如果儿童的每一个“第一次”都能给他带来积极、自信的感受,他会充满激情毫无畏惧的面对人生的每一次挑战。

第三节 《儿童发展关键期教师心理学》三大创新理念

第一理念:教师要把提高全民族的综合素质作为核心职业目标理念

该理念是指,作为一名幼儿教师需要很多素质,最重要的核心职业素质就是要真正认识到幼儿教师的工作是提升全民族的综合素质,这是任何教育阶段都无法比拟的。幼儿教师的质量不但决定了整个基础教育的质量,也决定了国家民族人才的核心素质。如果所有的幼儿教师都把提高全民族核心素质作为自己的职业素质,那么中国的幼儿教育将成为世界上最先进的幼儿教育。

第二理念:挑战自己并教会学生学会挑战理念

该理念是指,幼儿教师必须建立不怕任何挑战,敢于面对任何挑战的心态。因为每一个孩子都是一个挑战的对象,每一个孩子都随时可能向老师提出各种问题。每个孩子都随时可能说出不同的事、说出不同的话、表现出不同的情感。因此,每天教师都会面临孩子们的各种挑战,只有不怕挑战,能面对挑战的人才能成为优秀的幼儿教师。教师也要把这种不怕挑战,勇于挑战的精神传授给孩子,因为每个孩子每天也都会遇到各种各样的崭新的挑战,他们只有在关键期具备这种不怕挑战的心态,才能在未来的人生中不惧怕各种挑战。

第三理念:把能人所不能作为师生共同具备的发展素质理念

该理念是指,每个孩子都具备一项或多项能人所不能的潜质,7 岁前正是儿童能人所不能潜质产生和发展的关键期。开发每个孩子能人所不能的潜质是每个教师重要的教育任务之一。然而更重要的是每位教师也要把自身能人所不能的潜质开发出来,让自己也成为具备一项或多项能人所不能素质的人。这样,不但教师能从自己的成功经验中总结出培养孩子的能人所不能素质的方法,同时还能成为孩子学习的榜样。

人类最悲惨的事情莫过于一代不如一代，先进的学前教育让幼儿能够征服未来的学习、未来的工作、未来的一切挑战。只有这样，才能实现人类最基本的梦想—— 一代更比一代强。

第七章 《儿童发展关键期教师教育学》简介

第一节 《儿童发展关键期教师教育学》主要内容

《儿童发展关键期教师教育学》是作者在长期对幼儿教师的职业素质和专业技能研究基础上,结合教育学、成功学原理和儿童发展关键期规律和特征创立的教育学学科。指导如何把握全新的教育理念、教育理论、教育目标、教育内容和教育方法,为教师指出职业生涯和自我发展方向。

《儿童发展关键期教师教育学》主要有以下内容:

1. 儿童发展关键期与现代幼儿教育
2. 未来儿童教育发展大趋势
3. 儿童发展关键期与儿童发展观
4. 未来人才培养与现代幼儿教育理念创新
5. 各年龄段儿童发展关键期特征和规律
6. 儿童教育总目标与课程设置
7. 学前教育的创新原则和方法

8. 家园共育的创新原则和方法

9. 各年龄段幼儿一日生活与学习常规

10. 教师与保育员的工作配合

11. 幼儿入学准备

12. 教师的科研方向与管理

13. 教师的职业生涯发展

14. 教师的职业心理建构

15. 专家型教师的发展

16. 专家型园长的发展

17. 专家型幼儿园的发展

18. 现代科学技术与幼儿园教师的科学技术素质

19. 幼儿园教育效能改进和提升策略

20. 教师课堂管理与组织策略

21. 教育效果的评估与测量

22. 儿童发展关键期与幼儿园课程创新

23. 儿童发展关键期数学全素质课程教学内容与教学方法

24. 儿童发展关键期语言认知全素质课程教学内容与教学方法

25. 儿童发展关键期智能心理素质课程教学内容与教学方法

26. 儿童发展关键期人性心理素质课程教学内容与教学方法

27. 儿童发展关键期悟性思维全素质课程教学内容与教学方法

28. 儿童发展关键期关键观念课程教学内容与教学方法

29. 儿童发展关键期行为习惯课程教学内容与教学方法

30. 儿童发展关键期社会科学主题整合课程教学内容与教学方法

31. 儿童发展关键期艺术全素质感悟课程教学内容与教学方法

32. 儿童发展关键期社会实践能力生成课程教学内容与教学方法

33. 儿童发展关键期自然科学主题整合课程教学内容与教学方法

34. 儿童发展关键期体能基础素质课程教学内容与教学方法

35. 儿童体能发展关键期综合运动课程教学内容与教学方法

36. 幼儿园室内环境创设全新策略

37. 幼儿园户外环境创设全新策略

38. 幼儿园传统游戏与创新游戏

39. 幼儿教师的选拔和初始学历

每个幼儿的小小的脑海中都有一个大大的世界，这个大世界和成人眼中的世界是不一样的，能了解幼儿脑海中的大世界的人，就是最优秀的幼儿教师。

我们不能让幼儿在7岁前就只对财富、名利和享受感兴趣，要让幼儿感知到还有关爱、分享、公正和使命。这样他才能够从小建立有意义的人生和事业方向。

第二节 《儿童发展关键期教师教育学》核心学术思想

作者创立的《儿童发展关键期教师教育学》主要有以下核心学术思想：

1. 儿童教育是人生的信仰

我们认为：幼儿教育与中、小学和成人教育不但有着量的不同还有着本质的不同。也许世界上有一千种职业，幼儿教师这个职业是独一无二的。幼儿教师不但要具备多种素质、能力，还要具备健康的身体素质和健康的心理素质。最重要的是幼儿教师还要具备无限的爱心和奉献精神，这不是一般的人能够做到的。幼儿教育就像是一种信仰，每个教师都是具有高尚信仰的人。从事幼儿教育不会让一个人有名望，也不会让一个人拥有巨大的财富，更不会让一个人升官具有权势。但是每一个真正的幼儿教师她们都是各个民族的功臣，因为，她们创造着各个民族、各个国家的未来。要建立一个强大的国家就必须发展幼儿教育，建立先进的幼儿教育体系。

2. 先进的教育体系是教育的灵魂

我们认为：先进的教育体系（包括管理体系、教材体系）是整个教育的灵魂。每个民族、每个国家只有拥有符合本国文化、语言、文明体系的原创教材体系才能真正培养出未来的各行各业的杰出人才。每个国家要由杰出的人才或大师级的人物来编撰儿童教育体系以及大批的教师认真地并富于创造性地运用教材，只有这样才能让儿童教育的灵魂展现出来。

3. 教师与孩子共同成长

我们认为：教师不但要关爱孩子、开发孩子的潜能、传授孩子知识、引导孩子全面发展，而且重要的是教师要明确孩子在许多方面也是教师的教师。孩子身上有很多教师已经消失或正在消失的优点。教师要建立与孩子共同成长的全新儿童观。

如果幼儿在快乐中好奇好问。对一切都充满探索的行为受到了成人的阻碍，那么他们以后懒惰、不爱学习、没有上进心就是必然发生的事情。

每一个幼儿都应该经常听到成年人这样的忠告：从现在开始，只要你能想到，并为之努力，就一定能做到。

许多重要的规则、公理、原理和事物的本质特征，如果教师简单地告诉儿童，儿童通过死记硬背能够记下来。如果让儿童自己去发现，不但会改变儿童的思维模式而且能够让他们的学习能力产生一次飞跃。

第三节　《儿童发展关键期教师教育学》三大创新理念

第一理念:让先进的关键期教育改变孩子的命运理念

该理念是指,每个教师都应该真正认识到7岁前的发展关键期是每个孩子一生中最重要的也是唯一最重要的核心素质产生和发展的时期。这些核心素质将持续孩子的一生,使孩子终生受益并改变孩子的命运。尤其是贫困地区的孩子,他们缺少很多东西,但他们最缺少的就是先进的7岁前的关键期教育。我们要改变他们的命运就要首先改变他们的教育状况。每个孩子的命运都掌握在教师的手中。

第二理念:让孩子自己主动地学会学习理念

该理念是指,教师要明确儿童所学习到的所有的知识和观念不是教师教给他们的,更不能强加给他们,每个幼儿必须自己主动的学习获得。首先每个幼儿都具备与生俱来的自主学习能力,另外每个幼儿也必须在发展关键期学会自己主动学习。只有这样才能真正建立正确的学习动机、学习兴趣并养成良好的学习习惯。每个幼儿永远是学习的主体,任何强迫孩子学习和误导孩子学习的行为只能伤害孩子。

第三理念:让每节课都成为孩子快乐的精彩学习时刻理念

该理念是指,教师的每一节课,教师与孩子在一起的分分秒秒都影响着孩子的情感、感知、学习和习惯的建立。对教师来说，也许一节课甚至一天对自己的一生来说微不足道，但是教师的一节课、一个举动甚至一个表情都对孩子十分重要，甚至影响孩子的一生。例如，有一个5岁的孩子聪明好学，喜欢老师喜欢小朋友，每天都高高兴兴地上幼儿园，突然有一段时间变得郁郁寡欢不愿意去幼儿园不爱学习，持续了很长时间，眼看着孩子一天天在退步，教师和家长十分着急。几个月以后孩子才说出真相，原来这个孩子每天到幼儿园老师都会拍拍他的头说一两句话，可是有一个星期老师没有做这个动作，孩子就觉得老师不再关爱他了，因此出现了以上不该发生的情况。

如果在幼儿3岁时，他们的独立行动、独立思考受到了成人的阻碍，而当他们的独立行动、独立思考消失以后再想培养就很困难了。

一个优秀的教师不能保证每个幼儿每天来幼儿园时都是快乐的，但是她应该让每一个幼儿开心快乐地放学回家。

决定一个人一生快乐、幸福的要素之一，就是积极的心态。让幼儿在7岁前学会做任何事情都保持积极的心态，那么他可能一生都会这样保持下去。

第四节 现代幼儿教师的核心素质要求

1. 爱每一个孩子、了解每一个孩子

爱每一个孩子是一个合格教师的第一素质,对孩子没有爱也就丧失了作为一名幼儿教师的资格。但是了解每一个孩子是爱每一个孩子的第一步。如果不了解每一个孩子,对孩子的爱就容易出现偏移,容易变成溺爱。因为孩子自我意识较弱,与人沟通的能力有限,更不能准确地表达自己的需求和愿望。因此教师只有了解了每一个孩子才能真正做到正确去爱每一个孩子。了解孩子最核心的本质就是了解孩子的情感和需求,同时尊重孩子,平等对待孩子。爱孩子最核心的本质就是无条件的关爱他、赏识他,给他积极的正能量的影响。

2. 爱教育事业,有无私奉献的精神和把一生奉献幼教事业的理想

“十年树木,百年树人”这句话的含义很多人只理解到了一层意思,就是培养人才的不易。这句话是作为一个教师必须用一生的时间从事教育事业,才可能培养出真正的杰出人才。用一生作为代价,把一生无私奉献给幼教事业、奉献给孩子们,才能真正理解幼教的含义,才能真正成为合格的幼儿教师。幼儿教育在中国还不被广泛重视,幼儿教师的社会地位与经济地位还很低,只有那些不贪图权贵名利和金钱的人才能真正成为优秀的幼儿教师。

3. 耐心对待孩子的一切行为

由于孩子自我认知能力和大脑发育水平所限，孩子的自我意识能力、自我评价能力、自我管理能力都较弱，他们还不能自由控制自己的情绪、语言和行动。因此他们常常会做出许多成人认为不理智的事情甚至是荒唐的事情，这是很正常的生理与心理表现。面对这一切，教师必须耐心对待。教师应该做到三个耐心：

第一，耐心观察孩子。了解孩子的情感和言行的动机，只有了解了孩子各种动机才能真正把握孩子和教育孩子。

第二，耐心陪伴、安抚孩子。孩子常常不知道自己在干什么，在很多情况下孩子的不理智行为会造成不好的结果，这时候最需要的是成人的理解、安抚和陪伴。

第三，耐心指导、教育孩子。孩子的理解能力、自我控制能力比成人差很多，因此他们不可能一次或几次就能听懂成人的指导和教诲。教师就必须耐心、反复指导、教育孩子这才是真正成功的幼儿教育。因为没有一个孩子是一次就能掌握各种道理的，耐心是教育孩子最重要的方法之一。

4. 细心地了解孩子、照顾孩子尽职尽责

了解孩子、培养孩子不但要关注到孩子的许多大的方面，而且还要关注到孩子的许多细小的方面。因此教师细心心理品质在幼儿教育中显得尤为重要。教育不仅仅是开发孩子的智力、传授孩子知识、解答孩子的提问，更重要的是还要观察到孩子情感、语言和行为的细微变化。因为孩子的许多的细微变化正是他们重大变化的前奏，细心的教师能够尽早发现孩子这些细微的变化就能够及时对孩子进行引导。另外幼儿教育还有一个重要的方面，就是保证孩子全面的安全。这就更需要教师细心掌控孩子周边的各种物品和环境以及饮食、卫生等。教师要保证孩子行为的安全、活动环境的安全、使用物品的安全和食物的安全。

5. 平等对待每一个孩子，赏识每一个孩子

每一个孩子都是一个独立的个性表现者，这些都会为他们带来不同的发展方向。有些孩子的个性容易得到他人的好感和赏识，而有些孩子的个性则容易招致他人的嫌弃或厌烦。当然还有一些孩子由于身体和智力的残疾，尤其一些有心理问题的孩子更会给他人带来一些麻烦和困扰。但是幼儿教师必须平等地对待每一个幼儿，必须用同样的关爱、同样的言行尊重呵护每一个幼儿。这就是幼儿园教师与其他职业最大的不同。因为孩子是未成年人，他们的权利最核心的就是体现在平等的关爱之中。

6. 坚持不懈的努力学习，全面提高自身的素质

教师不但是学生的指导者和知识的传授者，其本身更应该是一个学习者、一个终生孜孜不倦、坚持不懈、努力学习的人。因为现代社会和未来社会的科技、文化飞速发展，每个孩子和孩子的家长都在社会中不断学习进步，这一切都使得教师只有不断学习，才能适应这种社会和孩子的进步，才能做一个合格的教师。更重要的是教师对孩子的影响是全方位的。

教师不但影响孩子的智力发展、知识学习，还影响孩子的情感、价值观和亲情理念。因此教师必须在多方面不断学习、进步，使自己努力成为一个拥有多方面素质和全面知识体系的人。这样才能够在不同的孩子有不同需要的时候，教师都能够给予及时地帮助。孩子的进步是对教师进步最大的挑战，带过大班的有经验的教师都会有这样的体验：孩子进入大班以后，几乎每个月都会有飞速的进步。如果教师不努力学习，教师的业务水平几乎不能满足孩子进步的需求。

7. 认真备课、认真写好总结，努力上好每一节课

教师课堂教学有三大基本功：备课、指导语、写教学总结。

备课是教师上好每一堂课的基础是一堂课的缩影。我们的研究表明：水平最高的教师，他的教学效果最多只能达到备课水平预期的70%。由此可以看出，如果一个教师没有高质量的备课，就绝不会有高质量的教学效果。

指导语有两层含义：第一层，讲解教学内容或题目的要求，让孩子理解其中含义。第二层，指导幼儿完成教师的要求。如果教师的指导语幼儿不能完全理解，幼儿就不能正确完成教师的教学意图，甚至完全误解教师的教学意图。这样不但影响了教学质量，还浪费了很多教学时间。许多教师不重视指导语的准备，没有花时间、精心推敲、琢磨使用最准确的指导语。结果是，原可以一堂课达到的教学效果却要用四五堂课也达不到。

教学总结则是多数教师所忽略的教学环节。其实教学总

结跟备课同样重要，因为通过教学总结，教师能够分析自己备课的优点和不足，同时还能分析孩子们的学习效果，了解孩子们的学习特点、知识和智力水平，这为以后课程的备课提供了最佳的参考。最重要的还是教师学术能力和科研写作能力的最坚实的基础和起点。

8. 不断提高理论水平，掌握最先进的关键期教育理念

教师的教学实践水平非常重要，教师的课堂组织能力、各种技能技巧都是高质量教学效果的保障。但是教师的基础理论水平的提高也非常重要，尤其是国内外最先进的幼儿心理学、幼儿教育学以及教育体系和教学教法的创新都是一个优秀的教师必须及时学习和掌握的重要内容。目前国际上最先进的关键期教育理念带来了幼儿教育全新的变革，每一个教师都应该了解关键期教育理念。通过了解孩子各种能力发展的关键期的规律和特征，并根据这些规律和特征拟定教学内容和教法才能收到事半功倍的教育效果。

9. 积极主动与家长沟通，开展家园共育

幼儿园与家庭是孩子最主要的生长和教育环境。家长和教师对孩子的影响方面虽然不尽相同，但是都会对孩子产生正面和负面的巨大影响。如果家长和教师的教育理念和教育方法一致，那么对孩子的发展就会收到 1 + 1 > 2 的良好教育效果，而如果家长和教师的教育理念和教育方法不一致，这对孩子的发展会造成极大的阻碍。许多原本素质比较好的孩子就是因为家长与教师教育理念不一致，结果使得孩子从全面

发展的优秀儿童变成了有各种问题的问题儿童，进入小学后更是成了学习困难儿童。

在家园共育方面教师应该积极主动，因为教师是孩子教育的主导者和策划者。为了孩子的健康发展，教师就是花再多的精力和时间在与家长的沟通和配合上都是值得的。

10. 具有一技之长，力求全面发展

我们的研究表明：孩子最喜欢的教师往往也是教学效果最好的教师，他们最显著的特点就是具有一技之长并拥有全面发展的素质。要成为一名优秀的教师首先要具有一技之长，例如在唱歌、跳舞、绘画、讲故事、做手工、体育运动等方面有超出常人的表现。这种一技之长不但能够为教师的思维模式和教育理念达到一定高度起到积极的作用，同时会对孩子造成全面的影响，成为孩子崇拜和模仿的对象。一个孩子都不喜欢、不尊敬、不崇拜的教师绝对不是一个好教师。当然教师多种素质全面发展更重要。教师要博览群书、刻苦钻研，努力使自己在多种业务中不断进步。

一个优秀的教师不仅要时刻铭记自己每节课的教育目标，还要时刻铭记每一学年的教育目标，只有这样她才能够真正把握每一个幼儿的进步程度。

第五节　现代幼儿教师的基本教育任务

人一生的各个发展阶段有着完全不同的身心发展规律和特征,这就决定了孩子各个发展阶段应该接受不同的教育内容。幼儿阶段教育内容与中、小学阶段是完全不同的。尤其人类70%发展关键期在7岁之前,7岁前孩子的许多能力和素质以及行为习惯将会影响孩子的一生。在幼儿园的教育过程中教师有许多的教学任务,但有些教学任务是非常重要的,在时间紧迫或条件不允许对孩子进行科学、系统、全面培养的情况下,对那些可能影响孩子一生的教育目标和教学任务一定要首先完成。

作为幼儿园教师,为了孩子未来的优势发展和成才必须努力完成以下十大基本教育任务:

第一教育任务:让孩子感受到教师的关爱,成为孩子最喜爱和信赖的人,并教会孩子关爱他人、信任他人。

学会关爱、学会信任是一个人健全人格最重要的人格基础和情感基础。一个人几乎所有的健康社会心理与情感心理素质都是在关爱和信任的基础上产生和建立起来的。最重要的是7岁前是一个人关爱和信任心理产生和发展的关键期,如果在这一时期得到科学、系统、适时教育和引导,孩子的关爱和信任心理素质将得到最佳发展,一旦错过将难以补偿。许多出现人格冷漠、自私、暴力、贪婪、品德败坏的青少年都是没有在7岁前得到良好教育的结果。家庭、幼儿园、社会是孩子关爱与信任产生、发展的重要环境。孩子进入幼儿园后教师在许多方面的影响力已经远远超过了家庭和社会,因此得到教师的关爱和信任就成了孩子学会关爱、学会信任的第一重要因素。这样,孩子才能建立一个健全人格的基础心态,才不会很早就出现心理问题,不会成为社会、家庭、学校的麻烦。

第二教育任务:培养每个孩子养成每天看书的好习惯。

拥有知识以及懂得知识的价值和学会运用知识的能力是7岁前的幼儿最重要的十大核心基础素质之一。知识是人类最重要的精神文化与智力成果的结晶和积累。拥有了知识、懂得了知识的价值、学会运用知识是人类的后代继承和超越上一代人的重要能力之一,同时也是后代创造新的知识和智力积累的重要的基础环节。因此培养孩子热爱知识、追求知识、运用知识、创造新的知识积累,对于人类的传承和发展意义重大,而书籍正是人类知识与文化最简单和最直接的承载者。

我们的研究表明,一个孩子只有在1岁半左右开始大量接触书籍,3岁之前大量阅读书籍才能真正爱上书籍,养成读书的好习惯并通过大量的阅读书籍爱上知识,懂得知识的价值并学会积极主动的运用所学的知识。因此培养每一个孩子养成每天看书的好习惯是幼儿园教师一个重要的教育任务。如果一个孩子在幼儿园阶段养成了每天看书的习惯,那么这种习惯将进入他每天的心理行为链。读书将变成他生活的一部分成为他每天的必须甚至超过一日三餐的价值,这种读书的习惯将延续他的一生。

第三教育任务:培养每个孩子每天都有新发现的好习惯。

接受知识、理解知识、掌握知识、运用知识非常重要。但是独立创造新的知识体系、创造新的概念更重要,这是人类发展的四大动力之一。孩子每天学习新的知识是他们进步的表现,这对他们知识结构的建立和智力的开发十分重要。但是,孩子独立发现新的事物、新的解决方法,甚至新的游戏方式对他们综合智力结构的发展更重要。因此教师要引导孩子每天都要观察家庭中、社会中、幼儿园中、小朋友之间或自己身上有没有新的变化,让孩子每天都能感受到自己的新发现并在新发现中感受到快乐、感受到成功的喜悦,让他们就这样在每天的新发现中快乐、幸福的成长。

第四教育任务:培养孩子尽可能独立完成每一件他能够独立完成的事情。

7 岁前,尤其在 3 岁之后,正是孩子自信心和独立性产生发展的关键期。人的自信心不是培养出来的而是在自身一次、一次的成功中逐渐产生和发展起来的。一个人的成功主要有三种方式:自己独立完成的成功;他人指导下完成的成功;自己主导,他人帮助下完成的成功。但是对于一个人的成功心理、自我意识和自信心的产生最重要的成功方式就是独立完成的成功。因此,要让孩子尽早能够独立的完成每一件他能够独立完成的事情,对于孩子综合成功心理和综合智能结构的发展十分重要。我们的研究表明:古今中外,20 岁左右便能够获得事业成功的杰出人才,多数在 7 岁之前就养成了自己独立完成的习惯。这种心理成就了他们自信、独立、勇敢、毅力和领袖气质从而战胜了各种对手走向成功。孩子最大的特点就是喜新厌旧、没有常性、做事情半途而废。培养他们养成独立完成的好习惯,能够有效地改变他们这种不良的心态。

第五教育任务:在一个学期中,重点矫正孩子一个或两个较严重的坏习惯。

由于种种原因,每个 3 ~6 岁的孩子都会有一个或多个较严重的、影响其正常发展的不良行为习惯、性格或思维方式。尽早发现和尽早矫正孩子的这些严重影响其学习、生活和未来事业成功、家庭幸福的不良行为习惯非常重要,这也是幼儿园重要的教学任务之一。因为 7 岁前正是孩子优良行为习惯产生的关键期,同时也是孩子不良行为习惯产生的关键期。如果得到科学、系统、适时教育,孩子的优良行为习惯将很快建立起来,不良行为习惯也将很快的改变。如果得不到科学、系统、适时教育,孩子的优良行为习惯将很难建立起来,不良行为习惯也将很难改变甚至延续一生。国内外的研究表明:造成许多人事业失败、生活不幸的不良行为习惯和思维方式都是在 7 岁前的发展关键期产生和建立起来的。古语所说"江山易改,秉性难移。"那是指青少年和成人,对于 7 岁前的幼儿来说,改变他们的不良习惯和思维方式比青少年和成人容易的多。

第六教育任务：尽早发现每一个孩子的天赋和特长，尽早与家长沟通开展家园共育，重点培养让孩子具备能人所不能的优势素质。

每一个人都有与众不同的天赋和特长，一般来说7岁以前多数孩子的天赋和特长都已经表现出来了。因为智力水平和教育环境的因素，许多天才的孩子和得到优质教育的孩子在3岁之前他们的天赋和特长就已经明显表现出来。人才学和成功学研究表明：80%以上的获得事业成功的杰出青年人，他们事业的成功方向都与他们的天赋和特长有直接关系。正是他们的天赋和特长在7岁前得到了良好的培养和挖掘，才有了后来远远超过同龄人的成就。能人所不能的素质是一个人事业成功和生活幸福的重要因素，而能人所不能的素质与人的天赋和特长有着密切的关系。我们的研究表明：80%以上具有能人所不能素质的人，他们的能人所不能素质正是在他们的天赋和特长的基础上发展起来的。因此教师尽早发现每一个孩子的天赋和特长并与家长沟通，制定家园共育的计划和内容，并给孩子在天赋和特长方面尽可能多的教育和指导，让每个孩子明确感受到他们的特长所在。

第七教育任务：关注孩子的“第一次”，无论孩子“第一次”感知新的事物还是“第一次”感受成功或挫折，对孩子的心理发展都十分重要。

孩子从出生到长大成人要经历无数个人生第一次。然而针对不同年龄的孩子,他们对人生的第一次的感受是不一样的。"第一次"会给孩子留下怎样的感受,不但决定于孩子的年龄特征还决定于孩子是否是独立感受每一个"第一次",尤其决定于孩子是否做好感受"第一次"的心理和身体准备。在3岁之前,尤其是在1岁之前让孩子独立感受"第一次"一定要选择不能给孩子造成任何伤害的事情,而在多数情况下家长尽量让孩子在没有家长依靠的情况下独立地感受每一个"第一次"。这对孩子独立人格的发展以及自信心、勇气、探索心理和学习能力的发展十分重要。

不同年龄的孩子要尽早感受与他们年龄相适应的人生第一次,尤其是结合发展的关键期去感受人生的第一次,对孩子心理素质和智能素质的发展十分重要。如果孩子的第一次感受出现了负面的效果,这对孩子的心理与智能发展十分不利甚至造成终生的影响。例如孩子的恐惧症、厌食症、懒惰、自卑、社交障碍、任性等不良心理都与孩子的负面的"第一次"有直接的关系,如果得不到及时矫治,将影响孩子的一生。

第八教育任务:指导幼儿星期一到星期五,每天为幼儿园或小朋友做一件事,每个星期六、星期天为家里或家人做一件事情并坚持不懈。

人的亲情观和交往价值观是一个人世界观、人生观产生发展的基础。我们的研究表明:中国许多青少年人生观和价值观出现了严重的偏差,其中主要的原因就是因为他们的亲情观和交往价值观出现了偏差,从而使他们的学习和家庭生活出现了严重的危机,导致了许多不应该出现的悲剧。7岁前是人的亲情观和交往价值观产生和发展的关键期。如果在关键期得到科学、系统、适时的教育，孩子的亲情观和交往价值观将得到最佳的培养，否则孩子将很难建立正确的亲情观和交往价值观。现在中国的孩子多是独生子女家庭，这对他们的亲情观和交往价值观产生和发展十分不利。因此要培养孩子良好的亲情观和交往价值观，幼儿园教育十分重要。教师要引导幼儿每个星期一到星期五，每天为幼儿园或小朋友做一件力所能及的事情，每个星期六、星期天为家里或家人做一件力所能及的事情并坚持不懈。教师要根据小、中、大班孩子的知识能力和智力水平安排他们力所能及的事情，这些事情对他们未来的发展有益处并容易完成。

第九教育任务：指导幼儿每天告诉父母："今天向老师提了几个问题"，"帮助小朋友或自己解决了几个问题""今天你最高兴、最得意的事情是什么"。

中国的许多家长在孩子回家后常常问孩子"今天幼儿园吃了什么？"、"今天老师教了什么？"、"今天在幼儿园高不高兴？"等。家长的提问对孩子的思维和行为方式有极大的影响，会形成孩子思维和行为的惯性模式。教师应该在家园共育的基础上指导家长科学、正确地对孩子的一日的生活和学习提问。下面三个问题是家长每天都应该问幼儿的"今天向老师提了几个问题？"、"帮助小朋友或自己解决了几个问题？"、"今天你最高兴、最得意的事情是什么？"

教师还要指导家长无论孩子回答的是否理想都要给予赞

许和表扬,要指导家长耐心和细心地在提问过程中把正确的教育目标和教育理念灌输给孩子。因为这三个问题就是要培养孩子三个最重要的思维习惯:第一,养成每天都要积极主动提问的好习惯;第二,养成关爱他人、帮助他人、尊重他人,学会良好的与他人交往的心态和习惯。第三,养成遇事保持阳光、开朗、积极向上的心态,不被消极、不愉快的事情困扰,学会遗忘那些使自己烦恼、抑郁的事情。

第十教育任务:注重个性化教育,让每个孩子与众不同。

在作者30年科研与教学的经历中,有一件事情让他终生难忘至今仍然影响着他的教育思想与教育理念,并使他更坚定了研究和推广儿童关键期教育理念和教育体系的信心。那是20年前陪同国外几位著名儿童心理学家和儿童教育学家参观中国的多家著名幼儿园和著名小学,参观结束后他们神情凝重地对他说:"你们怎么仍然在犯我们六七十年前所犯的错误呢?太不应该了!"他们指出了我国幼儿教育主要的四大失误:

1. 教师怎么能要求全体男孩子和女孩子的动作都一模一样呢?孩子怎么能坐姿要一样、站姿要一样呢?连回答问题时举手的姿势都一模一样呢?每个孩子都应该富有他们自己个性特点的行为,那才是他们独特的行为符号。只有具备个人特点的行为才是有魅力的,才是有力量的。

2. 教师怎么能要求全体孩子在回答问题时的语言和语气都一样呢?每个孩子都应该有富于独立个性的语言,因为语言是人类思维的符号,每个孩子只要具备独立的思维能力就应该有独特的语言表达方式。限制了孩子的语言也就限制了孩子的思维,更限制了孩子的想象力和创造力。

3. 教师怎么能让孩子的思想和兴趣都一样呢？你们每个男孩和女孩都异口同声地说:“长大后要当科学家。”而当问到他们为什么要当科学家时却没有几个能说出来,而外国幼儿的回答却几乎没有一样的,有的长大后想当总统、有的长大后想当牙医,更多的是想去卖冰激凌、当花匠、当歌星等等。如果连孩子的理想和兴趣都被成人约束地一模一样、毫无个性,极易使孩子长大后出现严重的心理问题。

4. 教师怎么能阻止和嘲笑幼儿说出与教师给出的标准答案不同的答案呢？教师不能武断地强迫孩子接受教师给出的唯一答案而不允许孩子有独立的思考和独到的见解。

最后,一位外国专家开玩笑地对作者说:“你们的孩子出生时各式各样、个性鲜明,从学校出来后都一模一样,你们的幼儿园和学校是复印机吗?”

外国专家这些话正说中了中国教育的重要弊端,就是中国的教育不注重孩子个性的培养。因为孩子没有了独立的个性,也就没有了独立的思想和独立的言行,也就没有了创造性和生存的竞争力。正如另一位外国专家所说的:“一个孩子没有独特的个性也就丧失了存在的价值,这些孩子长大后不但在中国没有竞争力,在国际上更不会有竞争力。”

附:美国成功教师的五项标准

美国教师专业标准委员会是一个非赢利性的民间组织,该委员会的使命是确立成功教师应当知道什么、能够做什么的严格标准,发展和管理一个评估和证明教师是否符合这些标准的全国性志愿制度,并促进旨在改进美国学校学生学习的有关教育改革。

美国教师专业标准委员会所确定的成功教师的五项标准如下:

1. 成功教师对学生及其学习尽职尽责

成功教师致力于使知识易于为每个学生接受。他们坚信所有学生都能学习。他们对学生既一视同仁,同时有承认并在教学实践中充分考虑学生间的个别差异。他们根据对学生兴趣、能力、技能、知识、家庭环境和同伴关系的观察和了解来调整自己的教育实践。成功教师了解学生的学习和发展,并在事件中运用流行的认知和智力理论。他们意识到文化和环境对个体行为的影响。他们发展学生的认知能力和对学习的崇敬。同样重要的是,他们努力养成学生的自尊、良好性格、公民意识,以及对个体、文化、宗教和种族差异的尊重。

2. 成功教师懂得其所教学科及如何向学生传授该学科知识

成功教师能充分理解其所授学科以及该学科的知识是如何创造、组织,如何与其他学科相联系,并如何用之于实际情境中的,他们忠实地代表文化的集体智慧和确认学科知识的价值,同时他们又注意发展学生自身的批评和分析能力。

成功教师掌握如何向学生传授学科的专门知识。他们能意识到学生通常会带来每门学科的先入之见和背景知识,以及能有帮助的教学策略和教学材料。他们知道哪儿可能出现疑难,并相应调整其教学实践。其教学技能能够使他们可以创造处理所教学科的多种途径,并且善于教学生如何提问和解决问题。

3. 成功教师对监督和管理的学生学习负责

成功教师能创造、充实、维持和改变教学背景以吸引和保持学生的兴趣并最有效地利用时间。他们也善于吸引学生和成人帮助他们教学,善于吸纳同事的知识和专门技能。

成功教师掌握了一系列一般的教学技术,懂得何时应用何种技术。当他们致力于实践时,他们知道何为无效和破坏性的实践。

他们知道如何约束学生群体以确保一种有纪律的学习氛围,知道如何组织教学使学生达到学校的目标。他们善于设定学生间和师生间社会交往的规范。他们懂得如何激发学生的学习动机,如何在面对暂时的失败时保持他们学习的兴趣。

成功教师能够评估每个学生和整个班级的进步。他们用多种方法测量学生的成长并能清楚地向家长解释学生的表现。

4. 成功教师系统地思考其实践并从经验中总结学习

成功教师是有教养者的典范,是学生养成模仿的榜样(如好奇心、耐心、诚实、正直、尊重多样性、重视文化差别),也是作为智力发展先决条件之能力的榜样(如推断能力、从多种角度看问题的能力、创造和冒险的能力、持一种实验性的和问题解决取向的能力)。

成功教师利用他们在人的发展、教材和教学方面的知识以及他们对自己学生的了解来对教学时间是否合理作出原则性的判断。他们的决定不仅有文献方面的依据,而且有他们自己的经验为依据。他们终身学习,并鼓励他们的学生终身学习。为加强教学,成功教师批评地审查自己的实践,力图扩展自己的技能,加深自己的知识,提高自己的判断能力,并根据新的发现、思想和理论调整自己的教学。

5. 成功教师是学习共同体的成员

成功教师通过在教学政策、课程开发和教职员发展上与其他专业人员的合作来促进学校效能的提高。他们能根据自己对州和地方教育目标的理解来评价学校的进展和学校资源的配置。他们了解哪些专门的学校与社区资源有益于他们的学生,并善于在需要时利用这些资源。成功教师会设法合作性地和创造性地与家长打交道,使家长建设性地参与学校的工作。

(摘自:《幼儿教师专业发展》)

实践成就篇

第一章 儿童发展关键期全素质教育体系

作者在(《儿童发展关键期心理学》、《儿童发展关键期教育学》、《儿童发展关键期智能全纳教育学》)学术理论研究的基础上,经过多年反复实验研究创立“儿童发展关键期全素质教育体系”。1997年作者创办北京博凯智能全纳幼儿园,16年来取得了理想的教育效果,培养出来一大批优秀的毕业生。

儿童发展关键期全素质教育体系主要包括以下两个系统:

一、幼儿园关键期教育管理系统

该系统主要包括下面5个子系统:

1. 幼儿园行政管理系统
2. 幼儿园科研管理系统
3. 幼儿园教学管理系统
4. 幼儿园家园共育管理系统
5. 幼儿园师资全素质培养系统

没有健康的身体就不会有健康的心理。让幼儿具备健康的身体素质是现代幼儿教育的第一任务。

二、幼儿园关键期课程系统

该课程系统共包括13个既独立又相互联系的课程领域。这些课程内容均为国内首创,包括以下4个年龄段的课程教学内容:托班课程(2～3岁)、小班课程(3～4岁)、中班课程(4～5岁)、大班课程(5～6岁)。该课程系统性强,4个年龄段课程整合成环环相扣的综合知识体系。教学要点分明、循序渐进,教学计划层次多变,内容灵活组合,教学方法科学、实用、操作性强。不但适合于天才儿童,也适用于智能正常儿童与弱智儿童。经过北京博凯智能全纳幼儿园16年的教学实践取得了优异的教学效果。

1. 儿童发展关键期数学全素质课程

该课程根据2～6岁幼儿数学能力发展关键期和思维能力发展关键期规律和特征,并结合数学知识体系规律创设而成。该课程不仅能够有效地发展2～6岁幼儿的数字感知能力、数字记忆能力、综合计算能力,而且能够有效地促进幼儿的数概念理解能力和平面立体空间概念。尤其对于发展中国幼儿最欠缺的概括归纳思维能力,求证判断思维能力和独立求证思维模式有优异的教学效果。

2. 儿童发展关键期语言认知全素质课程

该课程根据2～6岁幼儿语言能力发展关键期和思维能力发展关键期规律和特征,并结合语言知识体系创设而成。该课程不仅能够有效地发展2～6岁幼儿的语言感知能力、语言理解能力,语言表达能力和语言记忆能力,尤其对于发展中国幼儿最欠缺的语言悟性能力和口头作文能力、演讲能力，以及为幼儿建立合理的知识结构有优异的教学效果。

3. 儿童发展关键期智能心理素质课程

该课程根据2～6岁幼儿智能心理发展关键期规律和特征，并结合多领域知识体系创设而成。该课程不仅能够有效地发展2～6岁幼儿的观察能力、综合记忆能力、综合思维能力、创造能力、想象能力、操作能力、自学能力、独立完成能力和处理多元信息的能力，而且对于发展中国幼儿最欠缺的综合自主学习能力、独立性、自信心、坚持性以及学习兴趣有优异的教学效果。

4. 儿童发展关键期人性心理素质课程

该课程根据2～6岁幼儿人性心理发展关键期规律和特征，并结合多种生活学习情景创设而成。该课程不仅能够有效地发展2～6岁幼儿的独立性、自信心、合作心理、感恩、诚信、荣誉感、团队意识、意志品质、勇气、规则意识、道德品质等优秀人性心理素质，而且能够有效开发幼儿的学习兴趣、好奇心、探索精神、创新精神。

5. 儿童发展关键期悟性思维全素质课程

该课程根据2～6岁幼儿悟性思维能力发展关键期规律和特征，并结合各种知识体系创设而成。该课程不仅能够有效地发展2～6岁幼儿的悟性思维，而且能够综合培养幼儿的观察能力、记忆能力、逻辑思维能力、想象能力。

6. 儿童发展关键期关键观念课程

该课程根据2～6岁幼儿关键观念发展关键期规律和特

征,并结合各种知识体系创设而成。该课程不仅能够有效地培养 2 ~6 岁幼儿建立正确的价值观念、是非观念、亲情观念、学习观念、规则观念、卫生观念、安全观念,而且能够培养幼儿在正确的关键观念指导下处理学习中和交往中遇到的各种问题。

7. 儿童发展关键期行为习惯课程

该课程根据 2 ~6 岁幼儿行为习惯发展关键期规律和特征,并结合各种学习和生活情景创设而成。该课程不仅能够有效地使 2 ~6 岁幼儿养成良好的学习、生活、交往习惯,而且能够使幼儿优秀的人性心理素质得到协调发展。

8. 儿童发展关键期社会科学主题整合课程

该课程根据 2 ~6 岁幼儿各种能力发展关键期规律和特征结合各年龄段幼儿适合的社会科学知识创设而成。该课程不仅能够有效地培养 2 ~6 岁幼儿的学习兴趣和探索精神,而且能够有效地帮助幼儿建立合理的知识结构。

9. 儿童发展关键期艺术全素质感悟课程

该课程根据 2 ~6 岁幼儿艺术素质发展关键期规律和特征,并结合各种艺术的表现形式和方法创设而成。该课程不仅能够有效地发展 2 ~6 岁幼儿艺术感知能力、艺术欣赏能力和艺术表现能力、认知能力、数字记忆能力、综合计算能力,而且能够很好地培养幼儿的审美情趣感和综合艺术创造能力。

10. 儿童发展关键期社会实践能力生成课程

该课程根据 2 ~6 岁幼儿社会性和交往能力发展关键期

规律特征，结合适合幼儿的各种社会实践活动创设而成，该课程不仅能够有效地发展2～6岁幼儿的社会性、劳动关系和社会公德意识，而且能够有效地开发幼儿的交往能力和交往方式。

11. 儿童发展关键期自然科学主题整合课程

该课程根据2～6岁幼儿各种能力发展关键期规律和特征结合各年龄段幼儿适合的自然科学知识创设而成。该课程不仅能够有效地培养2—6岁幼儿的学习兴趣和探索精神，而且能够有效地帮助幼儿建立合理的知识结构和科学观。

12. 儿童发展关键期体能基础素质课程

该课程根据2～6岁幼儿体能素质发展关键期规律和特征，并结合各种适合幼儿的运动项目创设而成。该课程不仅能够有效地发展2～6岁幼儿的速度素质、力量素质、协调素质、灵活素质、平衡素质、柔韧素质等12项基本运动素质，而且能够有效地培养幼儿的运动认知、运动兴趣和运动习惯。

第二章 7岁前儿童关键期优势发展关键要素

1岁孩子关键期优势发展关键要素

A. 大肌肉运动素质优势发展关键要素

(1)能够扶持一手较稳步走20步以上,表现出较好的平衡素质。

(2)能够扶持走,取物再抱物转回。

(3)能够较快手膝爬3米以上。

B. 小肌肉运动素质优势发展关键要素

(1)能够搭积木4块。

(2)能够从瓶中倒出小物。

(3)能够独立较好地翻硬纸书或手掌握笔涂鸦。

C. 智能素质优势发展关键要素

(1)能理解简单的顺序关系,能把常见物品的整体和细节一起感知。听觉与视觉记忆素质飞速发展。

(2)能理解两个事物之间的简单联系,并理解简单的对应与归属关系。

(3)每天能记忆4~6个新事物。

(4)能专注地玩玩具游戏或教学图片2分钟以上或专注

听故事3分钟以上。

D. 语言素质优势发展关键要素

(1)能真正理解20~60个词汇的意义。

(2)出现真正意义的“单词句”或“双词句”。

(3)能理解10~40句成人的常用句子,有明显的语言交流需要,并快乐与成人交流。

(4)有时会自己自创一些“字”来代表特定的事物。

E. 数学素质优势发展关键要素

(1)能区分“1”和“许多”的不同。

(2)能理解物品大、小。

(3)能辨别1~3种颜色和形状。

F. 人性心理素质优势发展关键要素

(1)对人和事物有了较明显的兴趣方向,喜欢用快乐的动作和语言与人交流。

(2)常常去观察,精力充沛地去尝试新的活动,并表现出较明显的独立行为方式和行为习惯。

(3)已能够表现出与成人的安抚配合的动作和语言理解素质,不会无休止的哭闹,能较快安静下来。

(4)开始产生对家人和环境的安全感和信任感。

每一个幼儿都想通过自己的眼睛、耳朵了解他们想知道的世界，并通过自己的双手和思维创造他们自己想象中的世界。

2 岁孩子关键期优势发展关键要素

A. 大肌肉运动素质优势发展关键要素

(1)能够独自自如地迈过 10 ~ 15 厘米高的障碍。

(2)能够较快地跑过 3 个拱形门,再回到起点。

(3)能够单脚站立 5 秒钟以上。

B. 小肌肉运动素质优势发展关键要素

(1)能够自己洗脸、擦嘴。

(2)能够自己尝试借物取物。

(3)能够较明显优势手。

C. 智能素质优势发展关键要素

(1)开始理解事件发生的前后顺序关系。

(2)渴望理解人与人、事物与事物之间的关系,能回忆几个月前的事情。

(3)能独立发现问题,对简单因果关系能较好理解。

(4)已学会用自己的经验去解决问题,而不是来问父母。

(5)能判断他人明显错误,并指导正确的做法。

(6)开始学会简单角色和想象游戏,会假装自己和父母是某种动物,假装铅笔是旗帜等。

D. 语言素质优势发展关键要素

(1)每天都会问“这是什么?”“那是什么?”有明显的探索与交流意识。

(2)会使用“我”来表达自己的需求。

(3)用语言描述不在面前的事物。

(4)能在句子中出现并列的两个以上的意思。

(5)掌握25个以上的常见动词,并在一个句子中正确使用2个以上。

(6)能对事物细微特征进行准确描述。

(7)能按发展顺序较准确描述几天前的事情。

E. 数学素质优势发展关键要素

(1)能够认识6种以上的形状。

(2)能够点数到5。

(3)能够自然数数到30。

(4)能按语言要求取出5以内的物品。

F. 人性心理素质优势发展关键要素

(1)能很快适应新的环境和友善的陌生人,有安全感。

(2)有了自己明确的主见,想摆脱父母,开始表现说"不",对成人的要求有了反抗意识。

(3)对成功有了明显的渴望,成功时表现出明显的快乐,失败表现沮丧、不开心,但常常不甘心。

(4)有了一定的游戏规则意识,能简单规划,不乱闹。

(5)开始学会控制自己的情绪,不太重要的事情已能表现出较好的控制倾向。

(6)乐于社交,能主动与陌生人交流,并关注他人的要求。

3岁孩子关键期优势发展关键要素

A. 大肌肉运动素质优势发展关键要素

(1)能够在家长扶持一手跳平衡木1~2米。

(2)能够平稳快速奔跑跨越3个3~6厘米障碍。

(3)能够灵活、平稳地快速跳起,用手击打家长拿在手里不断变换高度的气球。

B. 小肌肉运动素质优势发展关键要素

(1)能够画人物简笔画。

(2)能够看图形摆小棒4~6根。

(3)能够用幼儿剪刀剪东西。

C. 智能素质优势发展关键要素

(1)能够跟着老师的思路听课,注意力集中地、目的明确地观察和记忆。

(2)能顺复述5个数字,倒复述3个数字。

(3)能够一边活动一边思考,并提问,常常把事情做得较好。

(4)能快速找出3个左右以上物品的相同之处和不同之处。

(5)能够把类似的物品对比着记忆。

(6)喜欢自己动手开展简单的探索活动。

(7)学会分析一些简单事物的发展变化。

D. 语言素质优势发展关键要素

(1)能用常见字组词。

(2)常见动词理解与动词表演。

(3)能理解常见8对以上反义词。

(4)知道对不同年龄的人用不同的词汇。

(5)能理解简单的词汇和语序的正反意思。

(6)能够描述图画中的简单的事件。

(7)学会正确使用“你”“我”“他”,与人交谈。

(8)学会用常见字造15个字以上的完整句。

(9)表现出较好的语言记忆素质。

(10)愿意与他人交谈,顺利表达自己的各种需求。

(11)能指出他人语言中的简单错误。

(12)选择正确的词汇评价某一事件的正反方面。

E. 数学素质优势发展关键要素

(1)喜欢数数,对数字感兴趣。

(2)能按自然数唱数1~100。

(3)能点数到20。

(4)能双手轮流点数到10。

(5)能说出10以内的事物的总数。

(6)能完成10以内按物取物与按数取物。

(7)能够20以内倒数。

(8)说出10以内的相邻数。

(9)懂得10以内数字的前后关系。

(10)能感知到日常生活中有许多数字的应用。

(11)能理解初级数概念,学会用数字代替实物。

(12)对不同的形状感兴趣,能认识多种常见图形。

(13)感知分析事物的颜色、大小、多少、高矮、长短等外部特征。

F. 人性心理素质优势发展关键要素

(1)常常表现出自信、愿意尝试新的事物,有好奇心。

(2)希望自己独立做一些事情,常有自己独立的见解,并能坚持。

(3)当自己与其他人明显不一致时能协商。

(4)富有同情心和爱心,关心弱小、动物、植物。

(5)在成人要求下能够耐心地等待。

(6)有感恩的意识,知道感谢、关心、帮助他的人。

(7)能坚持制定好的规则,并能批评不守规则的小朋友。

G. 社会与交往素质优势发展关键要素

(1)友善待人,不欺负人。

(2)能按规则进行轮流和等待游戏,不催他人,不违规、乱闹。

(3)不惧怕与陌生人打交道。

(4)懂得使用常用的礼貌用语。

(5)不为一点儿小事与其他人纠缠、哭闹。

(6)能够很快接受成人安抚和劝说,调整情绪。

(7)有了明显的安全感,不惧怕与亲人分离。

(8)学会尊重各种服务人员。

(9)知道与亲人和陌生人的不同交往方式。

(10)理解父母为家庭做出的工作。

(11)知道不同职业的特点。

4 岁孩子关键期优势发展关键要素

A. 大肌肉运动素质优势发展关键要素

(1)能够单手或双手拎物品行走数百米。

(2)能够平稳地从3~5米高的滑梯滑下,不恐惧。

(3)能够自如地劈叉。

B. 小肌肉运动素质优势发展关键要素

(1)能够在2分钟内穿小珠20个以上。

(2)能够自己快速穿衣服、裤子、袜子、鞋等。

(3)能够在3分钟时间里搭建20个以上的不同形状的积木。

(4)能够比较正确地用笔画简单的图形。

C. 智能素质优势发展关键要素

(1)对数字内容和无意义材料表现出突出的记忆素质。

(2)能够在很短的时间里记住较大信息量的内容。

(3)学会简单的分析,把复杂的问题分解成部分,进行有步骤的分析。

(4)能进行简单两个维度的分类。

(5)能够独立进行一些想象和创造性活动。

(6)懂得生命与非生命物质的主要区别。

(7)能够回忆出一年以前的事情。

(8)能有条理地、有顺序地把一件事情完成好。

(9)能够在活动中对人物、物品、事件进行归类。

(10)能够顺序复述6个数字,倒复述4个数字。

(11)学会做事情前进行简单的计划。

(12)懂得一些动物、植物的生长必须的条件。

(13)能在和同伴的各种活动中突发奇想。

(14)有了初步的推理理解能力,如知道小军比小红高,小红比小强高,那么小军一定比小强高。

(15)能够灵活思考 2 ~ 3 个问题,而不会混淆不清。

D. 语言素质优势发展关键要素

(1)能够理解常见 5 对同义词。

(2)能理解并应用较多的、常见的动词、量词、形容词、连词、代词、介词。

(3)能用语言正确描述事物发展变化的因果关系,并会用"因为……所以……"造句。

(4)能够正确表达两个并列关系。

(5)能较完整、有顺序地讲述自己的所见所闻。

(6)能正确描述未来将要发生的事情。

(7)能富于感情地表达各种情感,也希望他人理解。

(8)如果他人误解了自己的意思,能指出来并再说一遍。

(9)能够理解不同的语气、语调所表达的含义。

(10)能讲 200 个字以上的故事。

(11)喜欢记忆、背诵语言文字。

E. 数学素质优势发展关键要素

(1)能够唱数自然数 1 ~ 150。

(2)能够 50 以内任意起止顺、倒数。

(3)能够掌握 10 以内的多少比较。

(2)能够掌握 30 以内隔位数。

(3)能够掌握10以内序数。

(4)能够书写100以内数字。

(5)理解时间概念。

(6)理解空间位置概念。

(7)初步理解数字与实物的转换关系。

(8)初步理解符号与实物的转换关系。

F. 人性心理素质优势发展关键要素

(1)有了责任心的意识,对交代的任务努力去完成。

(2)有上进心,希望把事情做得更好。

(3)培养幼儿诚信心理,努力完成对自己和对他人的承诺。

(4)表现出对知识经验的追求,求知欲强烈。

(5)有关爱意识,能够为他人付出。

(6)有了竞争意识,不怕与比自己强的人一起比赛。

(7)有了坚持性心理,能够努力坚持把事情完成。

(8)理解了合作的意义,知道有些事情要合作才能完成。

(9)在各种活动中都能表现出自信心。

(10)遇到难题和挫折的时候能够表现出不怕困难的勇气。

(11)对感兴趣的事情刨根问底,希望详细地了解事物的本质和细节。

(12)得到同龄人的信任,同时也信任其他人,不乱怀疑他人的善意。

G. 社会与交往素质优势发展关键要素

(1)当自己意见受到多数人的反对,而为保证游戏不中断会让步。

(2)愿意分享,能够感受到分享的快乐。

(3)在交往中有明显的自我控制情绪和情感的表现。

(4)当自己的想法与其他人明显不一致时能协商。

(5)能主动要求去承担新的、其他小朋友畏惧的任务。

(6)能够主动躲避危险。

(7)知道如何向人求助。

(8)珍惜他人的劳动成果。

(9)知道珍惜自己和他人的生命。

5 岁孩子关键期优势发展关键要素

A. 大肌肉运动素质优势发展关键要素

(1)能够协调地跳绳 20 次以上。

(2)已能表现出很好的耐力,能坚持体育游戏 25 分钟以上。

(3)对某项体育项目有了明显偏爱并有突出表现。

B. 小肌肉运动素质优势发展关键要素

(1)能够在 2 分钟内用筷子夹取 8 粒花生仁。

(2)能用纸折出 8 种以上的较复杂的物品。

(3)可以用橡皮泥捏出 10 种以上的物品。

C. 智能素质优势发展关键要素

(1)习惯于在观察中思考,能很好地做到边观察边思考。

(2)会自发运用简单的记忆方法。

(3)学会利用媒介或中间物了解其他的事物。

(4)能够自己发现新物品的用法或新玩具的玩法。

(5)能够坚持30分钟左右思考探究一个新玩具或物品。

(6)能够回忆出一两年以前经历的事情的一些细节。

(7)能够对一些事情做出自己独立的判断。

(8)学会按一定的标准做出不同的选择。

(9)学会简单三段论推理和简单演绎推理。

D. 语言素质优势发展关键要素

(1)听完故事后能较准确概括大意,能为故事起个名字。

(2)能够根据故事的名字,编出故事大致的情节。

(3)能理解简单的抽象词汇如勇敢、伟大等。

(4)能用一定的标准正确评价事件的正反方面。

(5)能够理解事物发展的因果和逻辑线索,能为故事加开头或结尾。

(6)能够正确描述自己和他人的情感变化和原因。

(7)会猜10个以上的谜语、会说5段以上的绕口令。

(8)能认200个以上的常用汉字。

(9)能用正确姿势写字、画画。

(11)学会用语言分析事物的发展变化。

(12)能够正确理解可能性和必然性。

(13)理解不同层次的概念意义。

(14)能在与他人交谈过程中表现出创造性的语言素质。

(15)能向他人主动讲述科学道理,并要求自己和他人做到。

E. 数学素质优势发展关键要素

(1)掌握20以内多向序数。

(2)掌握20以内数字大小比较。

(3)认识10种以上的平面图形和5种以上的立体图形。

(4)掌握6以内数的组成与分解。

(5)理解多种平面图形的转换。

(6)理解量的守恒和分析量的变化。

(7)理解时间的守恒和分析时间的变化。

(8)理解空间的守恒和分析空间的变化。

(9)学会利用数字推理事物发展变化顺序。

(10)学会利用数字概括事物发展变化特点。

(11)学会利用数字记录事物发展变化规律。

(12)理解等分概念。

F. 人性心理素质优势发展关键要素

(1)懂得了荣誉的基本含义,能够感受到精神奖励有时比物质奖励更重要。

(2)表现出明确的兴趣倾向,有了较稳定的兴趣偏好。

(3)能在活动中按照成功的需要改变自己的角色。

(4)已经能够知道自己的长处与短处。

(5)已能较明确认识到自己优势的方向,并努力表现。

(6)形成多种良好行为习惯,如卫生习惯、礼貌习惯、安全

习惯、学习习惯等。

(7)性格开朗,充满激情,愿与同龄人交往,不害羞。

(8)有了明确的正义感和公平意识。

(9)有了团队意识,知道他人的价值。

G. 社会与交往素质优势发展关键要素

(1)知道用不同的语言和语气与不同的人交往。

(2)知道不同场合的交往礼节和服装搭配。

(3)知道基本的安全防护和灾难知识。

(4)知道如何自我保护,防止他人和物品的伤害。

(5)有环保的意识,知道并参加一些有意义的环保工作。

(6)知道节约,不应该浪费。

(7)知道自己的不良行为会为他人带来的影响,知道努力改正。

(8)懂得社会公德并遵守,厌恶不遵守社会公德的人。

(9)懂得珍惜他人的情感。

(10)懂得对重要的事情投入更多的精力和时间。

(11)能为一些活动制定规则,并带头遵守。

6 岁孩子关键期优势发展关键要素

A. 大肌肉运动素质优势发展关键要素

(1)表现出很好的控物平衡素质。

(2)表现出很好的协调和灵活性。

(3)对 2 ~3 种运动器械表现出很好的运用水平。

B. 小肌肉运动素质优势发展关键要素

(1)能够顺利使用螺丝刀、钳子、扳子等工具。

(2)能够双手配合用锯子锯木头或其他物品。

(3)能够做6个以上的手影游戏。

C. 智能素质优势发展关键要素

(1)能够思路清晰地、有条理地指导同龄人参加新的游戏和活动。

(2)常常能够通过发现新的问题而改变对事物的看法。

(3)在处理问题过程中表现出初级的推理素质。

(4)能够当众在讲台上演讲5分钟以上,并回答他人提问。

(5)懂得条件因素的意义,知道条件变化后一些相关因素也会变化。

(6)学会了用他人的经历和事实来证明自己的观点。

(7)能够把握事物发展的、简单的逻辑线索。

D. 语言素质优势发展关键要素

(1)能够正确运用10个以上的常见成语。

(2)能够用3~4个词造句。

(3)能听懂简单的笑话和双关语。

(4)能够归纳3个句子的意思。

(5)能够正确地对他人提出反问。

(6)能够概括出一篇短文的中心思想。

(7)能够正确运用15个以上的量词。

(8)能认400个以上的常用汉字。

E. 数学素质优势发展关键要素

(1)能够掌握10以内的组成和分解。

(2)能够掌握自编10以内加、减法应用题。

(3)能够掌握20以内不进退位加、减法。

F. 人性心理素质优势发展关键要素

(1)已具备了自我评价、自我教育的意识。

(2)能够接受多次失败的挫折,常常自己鼓励自己。

(3)享受解决问题的过程,成功后常常欢呼雀跃。

(4)有正义感、公平感和初步的法律意识。

(5)有强烈的上进心,不惧怕竞争。

(6)有了明显的集体荣誉感,不再自我中心。

G. 社会实践素质优势发展关键要素

(1)能够独立去商场购物(在成人看护下)。

(2)能够独立去邮局邮寄物品(在成人看护下)。

(3)能够独立去餐馆吃饭(在成人看护下)。

(4)能够独立去各种博物馆购票参观(在成人看护下)。

(5)能够独立去相关单位了解自己感兴趣的事情(在成人看护下)。

(6)会独立使用照相机、摄像机进行拍摄(在成人看护下)。

(7)能够独立乘坐各种交通工具(在成人看护下)。

7岁孩子关键期优势发展关键要素

A. 体能素质方面关键优势要素

(1)具备良好的运动兴趣和运动习惯。

(2)能够每天坚持一定量的体育锻炼。

(3)在某一体育项目中表现出优势。

B. 数学素质方面关键优势要素

(1)知道数学的重要性,能够在日常生活中运用学过的数学知识。

(2)喜欢做各种数学游戏。

(3)对日常生活中的数字很敏感。

C. 语言素质方面关键优势要素

(1)具备良好的阅读兴趣和阅读习惯,每天坚持阅读儿童读物。

(2)喜欢写作文,坚持写日记或观察记录等。

(3)能用丰富的语言与不同年龄的人交往。

D. 认知素质方面关键优势要素

(1)注意力高度集中,能专注地学习 50 分钟以上。

(2)掌握一定的观察方法,能够从外部特征和内部关系把握事物。

(3)掌握一定的记忆方法,听觉记忆、视觉记忆、情感记忆、运动记忆等多种记忆能力协调发展。

(4)学会在分析综合的基础上进行归纳、概括等抽象逻辑思维。

(5)学会多角度思维,能够用新的方法解决问题,勇于创新。

(6)能够把握事物间的关系,从发展的角度理解事物,并开展悟性思维。

E. 艺术素质方面关键优势要素

(1)喜欢欣赏多种形式的艺术表现。

(2)会一种乐器。

(3)敢于在众人面前表演。

F. 自然科学素质方面关键优势要素

(1)对自然科学具有浓厚的兴趣,喜欢观察自然现象。

(2)喜欢阅读百科知识类书籍,知道科学技术对人类发展的作用。

(3)喜欢做各种科学实验,懂得自然物种之间的相互依存关系。

G. 社会知识素质方面关键优势要素

(1)理解社会是由不同职业的人组成,社会的各种物质由不同职业的人制造。

(2)懂得社会公德和社会规范,关爱他人,具有利他精神。

(3)喜欢跟同龄人交往,知道与亲人和其他人的交往方式。

(4)理解教师的作用,尊重教师的权威,懂得与教师正确交往的方式和礼貌。

H. 人性心理素质方面关键优势要素

(1)表现出独立、不依赖他人,在他人需要帮助时能够提供帮助。

(2)有勇气,不怕竞争,敢于做其他同龄人不敢做的事情。

(3)不惧怕失败,做事情有坚持到底的毅力。

(4)知道合作的重要性,信任自己也信任同伴。

(5)有集体荣誉感,能够多做为集体争光的事情。

(6)能够控制自己的情绪,能够理解他人并学会协调同伴之间的争执。

第三章 7岁前儿童关键期教育关键要点

1岁孩子关键期教育关键要点

A. 大肌肉运动素质优势教育关键要点

(1)开展适度的力量训练,重点训练婴儿的腿部、腰部以及全身的力量。

(2)训练婴儿多种姿势、多方位的爬行。

(3)训练婴儿独自扶持行走。

B. 小肌肉运动素质优势教育关键要点

(1)训练婴儿双手交替动作与手眼协调。

(2)训练婴儿控物动作手眼协调。

(3)训练婴儿拇指和食指力量与速度的。

C. 智能素质优势教育关键要点

(1)训练婴儿根据事物色彩、大小、形状等进行简单分类。

(2)训练婴儿双手感知不同温度、不同质地、不同形状的物品。

(3)训练婴儿感知一系列物品,如各种圆形的、方形的物品等,并告诉婴儿每个物品的名字。

D. 语言素质优势教育关键要点

(1)训练婴儿跟一人做听说练习,不要受多种方言的影响。

(2)根据婴儿常发的音,训练婴儿尽早说出第一个有意义的字。

(3)训练婴儿用语言表达他的愿望。

E. 数学素质优势教育关键要点

(1)训练婴儿感受大、小、形状、颜色各异的物品。

(2)把各种几何形状的物品放在一起让婴儿感知。

(3)成人和婴儿一起在婴儿前、后、左、右搭建不同的物品,让婴儿感知空间概念。

F. 人性心理素质优势教育关键要点

(1)培养婴儿感知和表达快乐、愤怒、恐惧和悲哀,并与父母等人建立深厚的信任情感。

(2)培养婴儿能用动作、表情、语言结合表达自己的意愿和情感。

(3)培养婴儿参与成人的活动,并鼓励他们帮成人做一些事情。

许多幼儿之所以不喜欢学习，不是因为他们天生不爱学习，而是不喜欢成人为他们提供的学习方式和学习内容。

2岁孩子关键期教育关键要点

A. 大肌肉运动素质优势教育关键要点

(1)训练婴儿的运动协调素质。

(2)训练婴儿的运动平衡素质。

(3)训练婴儿钻爬障碍的素质。

B. 小肌肉运动素质优势教育关键要点

(1)训练婴儿掌握动作的顺序。

(2)发现并有意识训练婴儿的优势手。

(3)训练婴儿用笔,有意识的涂鸦和画横直线和竖直线。

C. 智能素质优势教育关键要点

(1)训练婴儿学会独立地、有顺序地拆装物品,积累经验并获得快乐。

(2)训练婴儿回忆5~10天前的事情,越准确越详细越好。

(3)训练婴儿学习有顺序地观察事物,尤其要训练他们观察事物的细节。

D. 语言素质优势教育关键要点

(1)鼓励婴儿提问,并对他们有问必答。

(2)每天给婴儿定时讲故事,训练婴儿提问。

(3)训练婴儿尽量详细地描述事物的发展过程。

E. 数学素质优势教育关键要点

(1)训练婴儿有节奏地、欢快地、有趣味地唱数1~30。

(2)训练婴儿数物对应双手抱物取物点数。

(3)训练婴儿感知物品的大、小、多、少、长、短、粗、细等。

F. 人性心理素质优势教育关键要点

(1)利用各种机会培养婴儿独立意识,逐渐建立不事事依赖家长的观念。

(2)培养婴儿对家人表现出明确的爱与关怀。

(3)培养婴儿建立所有权意识,不随意掠夺他人物品。

3 岁孩子关键期教育关键要点

A. 大肌肉运动素质优势教育关键要点

(1)引导孩子运动的速度和灵活性。

(2)引导孩子跑动中跨越障碍。

(3)引导孩子原地上跳。

B. 小肌肉运动素质优势教育关键要点

(1)引导孩子双手协调完成任务。

(2)引导孩子工具使用技能。

(3)坚持每天手指操练习。

C. 智能素质优势教育关键要点

(1)引导孩子自己解决完问题后,能告诉成人自己的收获。

(2)引导孩子能一边听故事,一边提问,并关注事件的发展。

(3)引导孩子学会独立发现问题,并学会独立的思考,不轻易征询他人的意见。

D. 语言素质优势教育关键要点

(1)引导孩子尽可能详细描述事物的特征并学会两个事物的对比。

(2)引导孩子了解各种物品的功能,并描述物品各种功能的用途。

(3)引导孩子学会递进式表达情感和需求。

(4)引导孩子在日常生活中用常见10个以上的动词、30个以上的名词组词。

E. 数学素质优势教育关键要点

(1)引导孩子学习20以内任意起止顺数。

(2)引导孩子练习双手轮流点数。

(3)引导孩子学习比较物品多少。

F. 人性心理素质优势教育关键要点

(1)培养孩子学会自己主动解决小朋友之间的冲突。

(2)培养孩子尽早学会诚实、不欺骗,远离、厌恶不诚实的人。

(3)时时赏识孩子,培养孩子建立自信心,同时能够建立社会礼貌公德和规则意识。

(4)父母要尽早培养孩子养成不依赖他人,养成独立完成每件事情的习惯。

4岁孩子关键期教育关键要点

A. 大肌肉运动素质优势教育关键要点

(1)引导孩子学骑两轮自行车。

(2)引导孩子单腿跳2~4米的平衡木。

(3)引导孩子变速、变向绕障碍跑。

(4)引导孩子向后跑跳结合。

B. 小肌肉运动素质优势教育关键要点

(1)引导孩子用笔按规定画出不同长短、不同形状的线条。

(2)引导孩子用小勺舀水倒入试管中。

(3)引导孩子用剪刀按要求剪出不同的花样。

C. 智能素质优势教育关键要点

(1)引导孩子不轻易接受他人的观察结果,而是要自己亲自观察一番。

(2)引导孩子要与同龄人或成人探讨事物的细节特征。

(3)引导孩子观察动物和植物的生长过程。

(4)引导孩子了解不同年龄人的一些必须要做的事情。

(5)引导孩子懂得简单的公理或一些事物发展的必然性现象。

(6)利用各种场景引导孩子发现事物之间的相同或不同之处。

D. 语言素质优势教育关键要点

(1)引导孩子描述事物4~6个阶段的发展过程。

(2)引导孩子学会“求解式提问”即孩子想出答案后再向家长提问。

(3)引导孩子学会在一句话中表达两个含义。

(4)让孩子感受不同的环境,学习不同场景中常用到的词汇。

E. 数学素质优势教育关键要点

(1)引导孩子学习50以内任意起止倒数。

(2)引导孩子理解序数和基数概念。

(3)引导孩子学习100以内的认、读、写。

(4)引导孩子学习10以内的数字大小比较和零概念。

F. 人性心理素质优势教育关键要点

(1)父母要对孩子有问必答,同时反问孩子,引起孩子继续提问的兴趣,让孩子养成对一个问题反复追问到底的习惯。

(2)指导孩子为活动制定规则,让孩子懂得规则对完成活动的重要性。

(3)要让孩子尽早认识到失败与挫折的积极意义,只要孩子努力了,即使失败了,父母更要加倍鼓励、奖励孩子。

(4)引导孩子学会承诺并支持孩子实现自己的诺言。

5岁孩子关键期教育关键要点

A. 大肌肉运动素质优势教育关键要点

(1)引导孩子爬网和徒手攀岩。

(2)引导孩子遮住双眼听口令向前、后、左、右跑。

(3)引导孩子吊臂前移、后移。

(4)引导孩子武术基本动作或套路。

B. 小肌肉运动素质优势教育关键要点

(1)引导孩子快速系鞋带。

(2)引导孩子分别用5个手指弹玻璃球。

（3）引导孩子用一根细竹签把一堆竹签一根一根地挑出。

C. 智能素质优势教育关键要点

（1）培养孩子把观察当成学习和思考的习惯，能够在观察中理解和掌握各种知识。

（2）培养孩子懂得人要生存的必须条件因素。

（3）指导孩子为一次出行制定计划、准备物品。

（4）综合培养孩子的听觉记忆、视觉记忆、运动记忆、情感记忆素质。

（5）培养孩子学会多种联想方式。

（6）培养孩子发散思维，学会从多角度思考一个问题。

D. 语言素质优势教育关键要点

（1）引导孩子学会类比，例如：比较鸟和狗的不同、玻璃与木板的不同。

（2）引导孩子理解意思相同的句子，并能模仿造句。

（3）引导孩子用 2 ~ 3 个字造句。

（4）引导孩子学会描述把一个物品放到不同的情景中会有怎样的结果。

（5）引导孩子排列句子的顺序。

（6）引导孩子学会被动句。

E. 数学素质优势教育关键要点

（1）利用各种生活情景引导幼儿计算的兴趣。

（2）引导幼儿尽早摆脱实物，进行数的组成和分解。

（3）引导幼儿在实际生活中理解加法和减法的概念。

(4)引导幼儿在实际生活中理解时间和空间的变化。

F. 人性心理素质优势教育关键要点

(1)父母要尽早培养孩子了解自己的长处与不足,同时培养孩子不要瞧不起他人的失败。

(2)尽管孩子已表现出对某一方面的兴趣偏好,但父母仍要培养孩子对文学、艺术和科学方面的兴趣。

(3)培养孩子尽早形成对事情要有自己的主见,不要依赖和轻信他人。

(4)培养孩子尽早学会与有不良行为习惯的孩子交往的方式。

6 岁孩子关键期教育关键要点

A. 大肌肉运动素质优势教育关键要点

(1)引导孩子跨栏跑(栏高 20 ~ 35 厘米)。

(2)引导孩子带球跑 2 ~ 5 米,然后跳起扣篮。

(3)引导孩子奔跑中向两侧投准。

(4)引导男孩足球兴趣和球感,培养女孩形体或儿童瑜伽。

B. 小肌肉运动素质优势教育关键要点

(1)引导孩子用小竹签在苹果上雕刻花纹。

(2)引导孩子用细电线弯成各种物品。

(3)引导孩子双手各拿一支油画棒画图形。

C. 智能素质优势教育关键要点

(1)引导孩子学会为证明自己的想法而去多方求证。

(2)引导孩子能够根据一个主题收集相关资料。

(3)引导孩子理解假设的概念并学会用“假如……就”造句。

(4)引导孩子懂得一些事物发展变化的可能性现象。

(5)引导孩子在各种场景中开展想象并提出创新观点。

(6)引导孩子独立为自己选择图书。

(7)对孩子进行推理训练。

(8)引导孩子独立发现各种事物之间的相互关系和影响因素。

(9)引导孩子独立解决自己的问题并帮助他人提出解决问题的建议。

(10)引导孩子学习三维分类。

D. 语言素质优势教育关键要点

(1)引导孩子能够围绕一个主题讨论 5 ~ 10 分钟,思路清晰。

(2)引导孩子语言悟性。

(3)引导孩子 4 字造句。

(4)引导孩子写观察笔记。

(5)引导孩子口头作文。

(6)引导孩子看图作文。

(7)引导孩子说相同意思的句子。

(8)引导孩子学会给短文命题。

(9)引导孩子学习概念描述。

(10)引导孩子语言流畅性。

E. 数学素质优势教育关键要点

(1)引导孩子学习使用测量工具。

(2)引导孩子长期坚持趣味心算。

(3)引导孩子学习计算的技巧和方法。

(4)引导孩子学习用数学知识解决实际问题。

F. 人性心理素质优势教育关键要点

(1)父母指导孩子独立为比赛类活动自己做必要的准备。

(2)家长要带领孩子接触弱势群体,培养孩子感受和帮助需要帮助的人,培养利他精神。

(3)培养孩子参加多种年龄段的集体活动,培养他的集体荣誉感和团队精神。

(4)培养孩子参加一些有身体接触的对抗性活动,培养孩子的对抗性心理素质。

(5)培养孩子尽可能多地参观各种博物馆和名胜古迹,培养孩子见多识广和独立创新习惯。

7 岁孩子关键期教育关键要点

A. 大肌肉运动素质优势发展关键要素

(1)引导孩子坚持一定量的体育锻炼,建立良好的运动兴趣、运动习惯和运动心理。

(2)引导孩子能够连续蛙跳 20 个。

(3)引导孩子能够连续跨栏 4 个(栏高 30 厘米)。

(4)引导孩子连续跳绳 20 个。

(5)引导孩子双手轮流拍球10个。

(6)引导孩子能够坚持跑步600米。

B. 动手操作素质优势发展关键要素

(1)引导孩子能很好地使用5种以上的常用工具。

(2)引导孩子了解常用的学习用具的使用方法。

(3)引导孩子正确地书写方法,写字流畅。

(4)引导孩子会简单的电脑操作。

(5)引导孩子会做6种以上的物理、化学实验或手工创新制作。

C. 智能素质优势发展关键要素

(1)引导孩子注意力高度集中,能专注地学习50分钟以上。

(2)引导孩子掌握一定的观察方法,能够从外部特征和内部关系把握事物。

(3)引导孩子掌握一定的记忆方法,听觉记忆、视觉记忆、情感记忆、运动记忆等多种记忆素质协调发展。

(4)引导孩子学会在分析、综合的基础上进行归纳、概括等抽象逻辑思维。

(5)引导孩子学会多角度思维,能够用新的方法解决问题,勇于创新。

(6)引导孩子能够把握事物间的关系,从发展的角度理解事物,并开展悟性思维。

D. 语言素质优势发展关键要素

(1)引导孩子认、读 600 个以上的汉字。

(2)引导孩子认读拼音。

(3)引导孩子会查字典。

(4)引导孩子会 5 个字造句。

(5)引导孩子能口头作文(60 个字以上)。

(6)引导孩子能说出并运用 20 个以上的成语。

(7)引导孩子能背诵 15 首以上的诗词或儿歌。

(8)引导孩子具备良好的阅读兴趣和阅读习惯,每天坚持阅读儿童读物。

(9)引导孩子喜欢写作文,坚持写日记或观察记录等。

(10)引导孩子能用丰富的语言与不同年龄的人交往。

E. 数学素质优势发展关键要素

(1)引导孩子能够完成 20 以内进退位的加减运算。

(2)引导孩子会做两步加、减法应用题。

(3)引导孩子 5 分钟之内完成 30 道口算题。

(4)引导孩子能看懂钟表和温度计等测量工具。

(5)引导孩子认识钱币,懂得简单换算。

(6)引导孩子关注日常生活中与数字有关的事物。

(7)引导孩子认、读、写千以内的数字。

(8)引导孩子会双手分别点数双物各 30 个。

(9)引导孩子知道数学的重要性,能够在日常生活中运用学过的数学知识。

(10)引导孩子喜欢做各种数学游戏。

F. 人性心理素质优势发展关键要素

(1)培养孩子有独立的见解,表现出对每件事情都有主见,但也能听取他人的意见。

(2)培养孩子有勇气,不惧怕挑战,敢于做其他同龄人不敢做的事情。

(3)培养孩子有自信心,在任何场合都不会表现出自卑心理。

(4)培养孩子有上进心,常表现出希望超越比自己强的人。

(5)培养孩子信任他人,也希望他人信任自己。

(6)培养孩子了解自己的长处与短处,也能正确面对他人的长处和短处。

(7)培养孩子表现出独立、不依赖他人,在他人需要帮助时能够提供帮助。

(8)培养孩子不惧怕失败,做事情有坚持到底的毅力。

(9)培养孩子理解信任的意义,信任自己也信任同伴。

(10)培养孩子有集体荣誉感,能够多做为集体争光的事情。

(11)培养孩子能够控制自己的情绪,能够理解他人并学会协调同伴之间的争斗。

G. 艺术素质优势发展关键要素

(1)引导孩子认识 8 种以上的乐器。

(2)引导孩子欣赏多种形式的艺术作品,如绘画、雕塑等。

(3)引导孩子参观 5 个以上的艺术博物馆。

(4)引导孩子学过一种乐器。

(5)引导孩子听音乐会或参观画展等。

(6)引导孩子有某种艺术方面的专长。

(7)引导孩子欣赏过 8 首以上西方经典音乐。

(8)引导孩子欣赏过 8 首以上民族经典音乐。

(9)引导孩子参加过艺术表演。

第四章　7 岁前儿童应该完成的事情

1 岁前孩子应该完成的 8 件事情

(1)学会独立用双手的食指和拇指取物。

(2)学会独立借物取物。

(3)学会独立的手膝爬行。

(4)看 10 种以上的常见动物。

(5)至少接触一个同龄人。

(6)有一个最喜欢的物品,让婴儿感知归属感。

(7)在浴盆里独立玩水、玩玩具(需由家长守护)。

(8)拉着玩具车行走(或由家长扶持婴儿)。

2 岁前孩子应该完成的 10 件事情

(1)学会独立用便盆大、小便。

(2)学会独立用勺吃饭。

(3)学会独立打开杯盖自己喝水。

(4)学会独立看书。

(5)学会为自己服务两件事以上。

(6)学会为父母做两件事以上。

(7)感知一年四季的变化。

(8)认识所有家庭成员、亲属和家庭物品。

(9)尽早让婴儿会唱一首10句以上的歌曲。

(10)尽早让婴儿会背诵一首20句以上的长诗。

持之以恒，不被其他事情干扰，朝着既定的目标前进是事业成功、生活幸福者的核心素质之一。让幼儿做一件每天付出努力，需要3个月或半年才能完成的事情。

3岁前孩子应该完成的17件事情

(1)在众人面前单独进行过表演。

(2)曾和父母在他人家留宿过。

(3)曾和父母一起外出旅行过。

(4)成为某项活动的主角。

(5)骑三轮自行车。

(6)玩多米诺骨牌。

(7)会认钟表的整点。

(8)跟成人一起去感受钓鱼。

(9)感知水的三种状态。

(10)和成人一起喂养小动物或植物。

(11)至少通过汉字认识10个以上的物品。

(12)认识某类物品中的10个以上物品,如10种各式各样的汽车。

(13)学习为明天的活动做一个计划或安排。

(14)学会给自己的物品起名字。

(15)有自己喜欢的运动项目。

(16)有自己喜欢的职业,如教师、警察等。

(17)在沙滩堆城堡。

4岁孩子应该完成的18件事情

(1)能够独立结交新的朋友并介绍给他人。

(2)在没成人指导和要求下自己独立画一副有意义的画。

(3)把两件以上的家务活完成得很好。

(4)把自己的东西有规则地摆放整齐。

(5)做过几件其他小朋友都不敢做的事情。

(6)能独立进行简单的电脑操作。

(7)有了自己明确的学习榜样。

(8)能够独立帮助比自己小的孩子做一些事情。

(9)在某项活动中获得过第一名的大奖。

(10)在某项重要活动中发现其他人没有发现的重要问题。

(11)懂得基本的卫生常识,成功处理过简单的意外伤害。

(12)把自己最喜欢的玩具送给新认识的小朋友。

(13)学会使用三种以上的常见工具。

(14)每天早晚向父母问好。

(15)回报别人的帮助。

(16)感受过大海、草原和沙漠。

(17)能背一首30句以上的儿歌。

(18)去过5种以上的博物馆。

5岁孩子应该完成的22件事情

(1)敢于做以前不敢做的事情。

(2)独自为好朋友策划一次生日聚会。

(3)对自己重要的事情会从正反两个方面考虑其作用。

(4)认识到失败并不可怕,相信自己努力就可以成功。

(5)能指挥几个小朋友合作完成一件一个人完成不了的事情。

(6)被很多小朋友推举为“领袖”。

(7)勇于承认自己很严重的过失。

(8)有了自己明确的学习榜样。

(9)有了自己最喜欢的职业人物并经常关注相关事件。

(10)学会使用两种以上的计量工具。

(11)学会用钱购物。

(12)能独立进行想象并制作出创新性的物品。

(13)一个人独自在家,自己安排一整天的活动。

(14)为陌生人正确指过路。

(15)把一个玩具拆了,并能重新装好。

(16)真诚地原谅别人的过失。

(17)人多时耐心排队并提醒他人排队。

(18)和成人观看过日出日落。

(19)如果可能的话,让孩子坐一次飞机和轮船。

(20)去过 10 种以上的博物馆。

(21)演一场独角戏,一个人扮演 4 种以上的角色。

(22)独立做成功 3 个以上的有关声、光、电、磁的科学小实验。

6 岁应该完成的 22 件事情

(1)独立照看小动物或植物。

(2)做两个以上的植物标本。

(3)参加一次资助灾区的捐助活动。

(4)独立制作一本以相片为主的画册或图书。

(5)为父母策划一次生日会或纪念活动。

(6)真诚地发现好朋友的优点并告诉好朋友。

(7)在餐馆为亲人或朋友点一道他们爱吃的菜。

(8)在帮助别人时能真正感受到帮助别人是真正的快乐。

(9)损坏了别人的东西能真诚补偿。

(10)对别人承诺的事情再难办到也要努力去办。

(11)答应父母要改正的错误一定能够改正。

(12)学会自我保护常识。

(13)每天都能坚持看书。

(14)用望远镜观察过星空。

(15)种植一棵树。

(16)参加一次环保公益活动。

(17)学会用照相机照相。

(18)当一次小记者,独立拟定一个主题对亲人和陌生人进行一次采访。

(19)为自己的亲人做一次导游。

(20)收集尽可能多的动物玩具或图片自己开办一个动物园。

(21)针对某一重要问题给老师和家长写一封信,表达自己的建议或感激。

(22)在家里当一天清洁工。

孩子 7 岁前应该完成的 66 件事情

(1)自己独立养过小动物或植物。

(2)自己设计、自己动手为成人制作过礼物。

(3)为他人写过支持和鼓励的卡片。

(4)自己动手用工具做成过木头玩具或小椅子等。

(5)能够把一件家务事做得很出色。

(6)独立完成过需要坚持3天才能完成的“大事”或大制作。

(7)能用某种乐器完整弹奏一首曲子。

(8)能通过自己的努力获得过第一名的大奖。

(9)到过贫穷的地方并结交了好朋友。

(10)到过发达的地方并结交了好朋友。

(11)写过一本有关自己和家庭的“书”。

(12)把自己从小到大的照片做成一个影集。

(13)独立修好过一件物品或玩具。

(14)与小朋友合作完成过一件“大制作”。

(15)成功解决过一次自己与他人的争执。

(16)成功解决过其他小朋友之间的争执。

(17)每次考试或参加比赛都自信和期待。

(18)开始学习外语。

(19)能坚持每周为父母做件小事。

(20)总回忆起他人对自己的帮助。

(21)会用电脑收发邮件等。

(22)勇于承认自己的过失。

(23)做过某次活动的“中心人物”。

(24)做过其他小朋友不敢做的事。

(25)独立创造过新的东西。

(26)帮助弱小的孩子。

(27)到国外自豪地说“我是中国人”。

(28)有自己的竞争对手。

(29)有自己的榜样。

(30)自己曾在他人家留宿过。

(31)体验过盲人或聋哑人的感受,学会关爱残疾人。

(32)有一些关于卫生和安全自我保护常识,并能提醒不懂的人。

(33)放过风筝。

(34)自己创造过游戏的新玩法。

(35)能自己坚持、重复练习一件事,直到学会为止。

(36)自己有超过同龄人的体育强项。

(37)会至少一种棋类。

(38)参观过20个以上的各种博物馆并津津乐道。

(39)会2~3个小魔术。

(40)会爬树。

(41)会在沙滩用砂石搭建1米以上的城堡。

(42)会炒2~3个简单的菜。

(43)帮父母洗过脚。

(44)帮其他人简单包扎过伤口。

(45)在公共场所或家庭中发现过不安全隐患。

(46)会用不同废弃物品做出5种以上的手工作品。

(47)独立地走出过一次迷宫。

(48)去过教堂或其他宗教场所。

(49)能通过简单的地图指引到公园游玩。

(50)独立进行过艺术表演。

(51)曾经帮助成人解决过成人都解决不了的问题。

(52)能独立地在地球仪上找到自己想去的国家。

(53)在亲人生病时,独立照顾过亲人。

(54)在农村收割过庄稼。

(55)从头到尾阅读过一本100页以上的书,并能把主要内容讲给同伴听。

(56)观察过昆虫或植物的发展变化,并作观察记录。

(57)曾经独立为活动制定过规则。

(58)骑过马。

(59)有过一次冒险的经历。

(60)为自己建立一个图书馆。

(61)会使用摄像机摄像。

(62)为自己画一幅像。

(63)有自己的一个藏宝箱。

(64)住过野营帐篷。

(65)至少参加过一次捐献活动。

(66)至少参加过一次义卖活动。

第五章 3岁、6岁、7岁、9岁儿童优势超常发展行为量表

3岁孩子全素质优势超常发展行为量表：

1. 能够很快地从一件事（或一物品）联想出两至四个事件（或物品）。

2. 会用恰当的语言与成人有礼貌的交往。

3. 好奇好问，对许多事情保持较长时间的兴趣。

4. 能够较好地把握事物的发展顺序和因果关系。

5. 已经学会了等待并能较好地控制自己的情绪。

6. 对他人的情绪很敏感。

7. 能够根据需要自编小故事，语言丰富多彩。

8. 有了安全意识和自我保护的意识。

9. 能够独立发现问题，喜欢自己尝试。

10. 能够帮助弱小，不小气贪心。

11. 能够快速的点数，知道20以内的数的前后关系。

12. 能准确运用副词和形容词。

13. 能长时间专注地听成人讲故事。

14. 能发现同龄人发现不了的事物的细节。

15. 常常喜欢在户外活动。

16. 有很好的节奏感和乐感。

17. 不惧怕陌生人,常常能够在陌生人面前讲故事或唱歌等。

18. 情绪稳定,轻易不哭闹。

19. 不会为了得不到一件物品长时间吵闹。

20. 能够听成人的劝阻,停止不良行为。

21. 做事情有耐心意识,做事有头有尾。

22. 有良好的卫生习惯。

23. 能够在他人需要帮助的时候主动提供帮助。

24. 能够按照自己的承诺完成任务。

25. 能够真正感受到父母和亲人对自己的关爱。

26. 有 2 ~ 3 个以上的好朋友。

27. 喜欢参观各种博物馆。

28. 每天都喜欢看书或听家长讲故事。

29. 喜欢观察动、植物和各种自然现象。

30. 知道一些危险的物品和危险的场所。

31. 不依赖成人,喜欢独立地完成一些自己的事情。

32. 懂得与成人交流的礼貌。

33. 理解数字可以指代任何的物品。

34. 能正确对常见物品分类。

35. 能回忆起 6 ~ 12 个月前的事情。

36. 遇到难题会变换方法,能灵活的解决问题。

37. 能理解并运用简单的条件句,会说“如果……”。

38. 能理解并运用简单的转折句,会说“但是……”。

39. 能针对问题进行连续地提问,想了解更多、更深层的问题。

40. 协调地跑步,并表现出快乐、勇敢的情绪。

41. 在跑跳中能灵活地躲闪跳跃。

42. 能单脚跳 3 ~5 米的平衡木。

43. 知道自己的性别,有了性别意识,常玩属于自己性别的游戏。

我们的研究表明:完全具备量表中 43 条优势发展素质的孩子极少,具备 20 条左右优势发展素质的幼儿占 12% 左右,具备 30 条左右优势发展素质的幼儿占 5% 左右,具备 36 条以上优势发展素质的幼儿占 0.3% 左右。我们在北京博凯智能全纳幼儿园十余年的研究表明:3 岁以前的孩子经过 1 ~2 年科学、系统的关键期全素质优势教育,博凯幼儿园毕业生中全素质优势发展的孩子的数量会平均提高 2 ~4 倍。

人类最幸福、最自我认同的顶峰心态就是自豪的感受。自豪来自于健康的心理、健康的身体、自如的交往、成功的学习和充满亲情的家庭。

6 岁孩子全素质优势超常发展行为量表

1. 遇到挫折和失败时会说:“我一定能做好的”。

2. 渴望胜过他人,不惧怕竞争。

3. 能够左右同龄人,自发地成为同龄人的领导者。

4. 能够很快适应新的环境,并在其中扮演适当的角色。

5. 真诚地赞美他人的成功并表示出向其学习的意愿。

6. 面部和姿态富于表现力。

7. 喜欢数学,能够进行快速的口算和自编应用题。

8. 能自编具有丰富想象力的故事。

9. 遇到新发现或解决难题时,表现得十分激动。

10. 能跟成人讲道理,自信而不畏惧权威。

11. 能够很快掌握新的知识和技能。

12. 有很好的坚持性,能长期坚持每天完成学习任务或体育锻炼。

13. 有正义感和利他精神。

14. 有良好的行为习惯,能够很快在成人的指导下改掉不良行为习惯。

15. 爱护小动物或植物,能坚持照料它们。

16. 有很好的方位感,去过一次的地方就不会忘记。

17. 不自私小气,不占他人的便宜。

18. 喜欢独立思考,不愿意依赖他人。

19. 不惧怕失败,能够坚持尝试失败过的事情。

20. 非常渴望通过自己的努力获得成功,表现出极强的荣誉感。

21. 有明确的感恩意识,常常谈起曾得到他人的帮助。

22. 能够成功解决小朋友之间的争执。

23. 有了团队意识和集体荣誉感。

24. 勇于承认自己的过失,并有补偿的意识。

25. 能为自己确定竞争对手,并勇于竞争。

26. 能为自己确定学习榜样。

27. 诚实,不会为了逃避惩罚而说假话。

28. 对他人有信任意识,在活动中能够信任他人。

29. 对他人的成功表现能够真诚地表示赞赏。

30. 总喜欢尝试用新的方法解决问题。

31. 喜欢手工制作,能够灵活使用多种常见工具。

32. 表现出优秀的艺术素质,喜欢看艺术表演。

33. 做事情有条理,能够有条有理地完成任务。

34. 能看懂简单的幽默画,听懂简单的幽默故事。

35. 能主动耐心地排队。

36. 能够自己动手制作一些新的手工制品。

37. 能自己坚持反复练习一种技能,直到学会为止。

38. 学会关注自己、关注他人,学会分享。

39. 理解他人的情感和情绪变化,富于同情心。

40. 懂得合作的意义,并主动通过自己的努力促进同伴之间的合作。

41. 能够进行三段论推理。

42. 能够正确进行简单的可能性、必然性判断。

43. 能独立使用字典。

44. 能把故事的中心思想和主要含义,用自己的语言讲给同龄人。

45. 对某一类艺术作品表现出特别的喜爱。

46. 对某一类文学作品表现出特别的喜爱。

我们的研究表明:完全具备量表中 46 条优势发展素质的孩子极少,具备 25 条左右优势发展素质的幼儿占 6% 左右,具备 30 条左右优势发展素质的幼儿占 2% 左右,具备 36 条以上优势发展素质的幼儿占 0.3% 左右。我们在北京博凯智能全纳幼儿园十余年的研究表明:经过 2 ~ 4 年科学、系统的关键期全素质优势教育,全素质优势发展的孩子的数量可以提高 3 ~ 5倍。

7 岁孩子全素质优势超常发展行为量表:

1. 喜欢独立解决问题。

2. 好奇好问求知欲强。

3. 遇到难题不依赖他人,希望用自己的力量解决。

4. 有优秀的记忆能力,只要两三遍就能记住一首歌。

5. 能很好把握事物的发展顺序和因果关系。

6. 常常对自己说:"我坚持做下去一定能做好"。

7. 懂得珍惜情感和一些重要的物品。

8. 懂得勤奋努力学习的意义,知道要把事情做好需要努力学习。

9. 性格开朗快乐，在活动中精力充沛、充满激情。

10. 能有条理地为他人解决问题。

11. 有良好的行为习惯。

12. 有正义感和责任感。

13. 诚实而有勇气。

14. 细心而耐心，能找出事物的细节。

15. 每天书不释手。

16. 有了较明确的道德规范意识，能够明辨是非。

17. 专注看书或解决问题时需听不见他人的呼唤。

18. 渴望胜过他人，不惧怕竞争。

19. 在科学或文学方面获得过奖项。

20. 大胆急于做新的事情。

21. 能左右同龄人。

22. 能很快适应新的环境。

23. 喜欢一个人做事情。

24. 有丰富多彩的语言。

25. 别人谈话时常常要发表自己的意见。

26. 遇到新发现时十分激动。

27. 急于把新发现与他人分享。

28. 对他人的感情很敏感。

29. 常能正确对待他人的评价。

30. 能够用表情和动作表达情感和需求。

31. 能欣赏多种艺术形式，并对一种情有独钟。

32. 常能控制自己的言行。

33. 对长辈有礼貌,有良好的社会公德意识。

34. 身体素质良好,有锻炼身体的习惯。

35. 有自我保护方法和意识。

36. 能看护小动物或植物。

37. 具备了学习和生活中所需的良好的关键观念。

38. 喜欢数学,能快速心算。

39. 方位感和立体感强,去过一次的地方就记得路线。

40. 有很好的关键观念,常常认为只要自己坚持做下去一定能做好。

41. 不愿他人帮助完成难题。

42. 遇到难题不愿马上问成人,而是要先自己努力尝试一番。

43. 喜欢参加大型户外集体活动,并希望成为中心人物。

44. 能讲有想象力的故事。

45. 对痛苦不敏感,不爱哭。

46. 有明确的价值取向,常能分清主次。

47. 常能跟成人讲道理。

48. 大方、不小气能慷慨地与他人分享成功和财物。

49. 有感恩的心态,常常回忆亲人或老师的关爱。

50. 力所能及的事自己做,爱帮助他人。

51. 动手能力强,常能自己用工具作一些小玩具或剪纸等。

我们的研究表明:完全具备量表中 51 条优势发展素质的孩子极少,具备 20 条左右优势发展素质的幼儿占 8% 左右,具备 30 条左右优势发展素质的幼儿占 3% 左右,具备 36 条以上优势发展素质的幼儿占 0.5% 左右。我们在北京博凯智能全纳幼儿园十余年的研究表明:7 岁前的孩子经过 2 ~4 年科学、系统的关键期全素质优势教育,博凯幼儿园毕业生中全素质优势发展的孩子的数量会平均提高 3 ~5 倍。

9 岁孩子全素质优势超常发展行为量表:

1. 有强烈的求知欲望,对许多领域的知识感兴趣。

2. 常常有独创性的见解。

3. 常常表现出超强的记忆能力。

4. 常常能自己变换角度,提出不同的解决问题的思路。

5. 能够在毫不不相关的事物中找出联系。

6. 学会运用最简单的方法解决问题。

7. 时常表现出能够举一反三,触类旁通。

8. 开始对政治、宗教、社会感兴趣。

9. 在与他人交往中表现出诚实而有勇气。

10. 能够注重集体的荣誉,有时为了集体的荣誉会损害自己的利益。

11. 在文学、艺术等多个领域表现出多才多艺。

12. 能够一个人策划一次 50 ~60 人的活动。

13. 急于把新发现与他人分享。

14. 常能正确对待他人的评价。

15. 表现出对事物很好的综合分析能力。
16. 学会了归纳推理和演绎推理。
17. 有了明确的价值观,常常能够判断事物的重要程度。
18. 能够对事物进行简单的内、外因作用分析。
19. 能够对事物进行量变和质变分析。
20. 能够对事物的发展变化进行主要因素和次要因素分析。
21. 养成每天坚持大量阅读的习惯。
22. 学会使用地图和图表。
23. 养成每天坚持写作的习惯。
24. 了解各种职业特点与工作分工不同的性质。
25. 理解金钱与物质对人生存的意义。
26. 理解古董的意义。
27. 对现代社会高科技感兴趣。
28. 理解社会各阶层的相互依存。
29. 能较明确地理解人生目标和追求的意义。
30. 理解文章的中心思想,会写读书笔记。
31. 能独立地观察和探索事物变化的原因及结果。
32. 能够根据一定的目标和选题,独自收集有关资料。
33. 常常把书中学到的知识在日常生活中应用。
34. 能够为了更大的收益放弃目前的收益。
35. 把荣誉看得比物质重要。
36. 懂得自尊和尊重他人。
37. 已能真正具备了解自己的力量,知道自己能做什么。

38. 能够经过思考才提出自己的建议。

39. 高兴时或激动时会流泪。

40. 对于精神需求超过物质需求。

41. 能 3 ~6 小时长时间专注于高脑力活动。

42. 有良好的陌生社会环境适应能力,能与各种层次的人交往融洽。

43. 有了初级的自学能力,并为自己制定学习计划。

44. 能把他人讲话的中心思想很快归纳出来。

45. 知道自己现在所做的事情对未来的作用。

46. 能一步一步讲解所进行的推理的思路。

47. 知道时间的价值和不可逆。

48. 理解事物的发展变化是绝对的。

49. 理解成功要借助他人的力量。

50. 学会提出多种假设,并尝试验证。

51. 学会收集某一主题的相关资料。

52. 在学习中体验快乐情绪。

53. 道德感、理智感、美感等高级情感开始产生。

54. 了解中华民族的优秀特征。

55. 了解世界著名国家。

56. 能做 10 个以上的物理、化学实验。

57. 学会面对几个问题选择最重要的完成。

58. 对社会热点问题表现出关注,并有自己的看法。

59. 知道中国近代史上的一些重要人物和事件。

60. 理解父母与家庭的意义。

61. 不为自己的失败找借口,勇于承认自己的过失并努力改正。

我们的研究表明:完全具备量表中 61 条优势发展素质的孩子极少,具备 20 条左右优势发展素质的幼儿占 8% 左右,具备 30 条左右优势发展素质的幼儿占 3% 左右,具备 36 条以上优势发展素质的幼儿占 0.5% 左右。但是,经过 2 ~4 年科学、系统的关键期全素质优势教育,博凯幼儿园毕业生中全素质优势发展的孩子的数量会平均提高 2 ~4 倍。

第六章　高科技教育技术全面提升教育效能和教学质量

第一节　现代高科技将引领教育的创新革命

现代高科技尤其是电子信息技术的广泛使用和普及带来了教育技术的革命性发展,同时也促进了教育领域各个方面的量变和质的飞跃。尤其是多媒体技术和人机互动信息技术对教学内容和教学方法的改变,更使得当代教育步入了前所未有的高效发展阶段。

多媒体技术的应用使得教学内容从过去的单一化教学变成了多元化教学、黑板化教学变成了液晶化教学、单色化教学变成了彩色化教学、呆板化教学变成了趣味化教学、平面化教学变成了立体化教学、三维化教学变成了四维化教学、师生单一互动教学变成了师生群体互动教学等等。多媒体技术带来的这些变化对教学质量的提高起到了极大的促进作用。尤其是人机互动信息技术的应用,更是真正实现了几千年来都无法实现的学生为主体,教师为主导的教学原则。人机互动信息技术真正调动了学生学习的主动性和趣味性,把孩子的好奇心、探索精神全面的开发出来。不仅让孩子真正建立了现代高科技技术下的思维模式和思维习惯,而且真正培养了孩子科学思维观和未来发展观。人机互动信息技术让孩子一方面可以选择在教师的引导下主动学习、积极思考,另一方面也给了孩子摆脱教师的思考,自己去独立发现、独立思考、独立解决、独立学习的可能性。这是一场真正的高科技引领下的教育革命。

贫困地区的幼儿缺少很多东西，但是最缺乏的就是先进的教育。我们要改变他们的命运，就必须首先改变他们的教育。

第二节　现代高科技教育技术将更有效地提高和改变中国幼教领域目前存在的差距

中国幼儿教育由于起步较晚,与世界发达国家有以下三个方面的差距:

第一:长期以来缺乏适合中国国情和中国汉语文化背景的先进幼教理念和整体幼儿教育体系,尤其缺乏具有完全原创自主知识产权的科学、系统、操作性强的先进教育理念和整体教育体系。

第二:幼儿教师初始学历较低,缺乏先进的岗后培训体系,有些教师对职业倦怠、职业逃避和职业转移倾向。因此,幼师队伍素质有待提高。

第三:在幼儿教育领域缺乏先进的教育理论和教育方法。许多地方还在沿用传统、陈旧的教育方法。教育过程简单、呆板,缺乏系统性和创新性,不能适应当代信息社会幼儿身心快速发展的需要,尤其是先进的、高科技的教育技术和手段还没有大量进入到幼儿教育领域。

第三节　儿童关键期多媒体教学一体机使儿童关键期教育进入电子时代

从 2005 年开始作者及其科研团队开始研发“博凯关键期

教学一体机教学系统”，把“儿童发展关键期全素质教学体系”制作成幼儿园小班、中班、大班3个年龄段完整的多媒体电子互动教材，该教材由1万个3D多媒体课件、Flash多媒体课件和电子挂图组成，能够全面实现幼儿园完整的小班、中班、大班3个年龄段的教学任务。该教学体系分为基础版、标准版和高级版，分别适用于不同层次、不同地区的幼儿园使用。“博凯关键期教学一体机”经过多年的教学实践取得了优异的教学效果，如果全面推广与应用不仅能够解决我国先进教育理念、教育理论、教材和教学方法落后的教育面貌，为广大幼儿园提供一套科学系统、实用性强、操作性强的高科技教学系统，快速提高教学质量，而且能够有效解决幼儿教师整体素质偏低，教师职业倦怠和部分地区教师严重缺失的不良状况。

第四节　儿童关键期教学一体机五大学术创新

第一，真正实现现代幼儿教育第一教育原则——幼儿为主体、教师为主导的原则。

现代幼儿教育第一教育原则，即幼儿园在教学活动中要坚持幼儿为主体、教师为主导的教育原则。要坚持这一原则就要求教师在整个教学活动中达到三个教育目标：首先，坚持以幼儿的兴趣和关注点为教育的出发点。教师要根据幼儿的身心发展特点组织开展教学活动把整个课堂交给幼儿。这在中国现在的幼儿园中几乎很难实现,多数情况下还是教师满堂灌输,幼儿围绕教师的指挥棒转很少能主动地按幼儿自己的兴趣和专注点开展学习活动。其次,要引导幼儿主动学习,在教学活动中幼儿积极主动的提问、思考,幼儿是整个教学活动的发起者和导向者。教师围绕着幼儿的提问和思路解答幼儿的问题,指导幼儿学习的持续性和发展性。最后,教师要引导幼儿尽可能的学会独立地完成每一件事。教师帮助幼儿完成一件事情和幼儿自己独立完成一件事情对幼儿认知能力和认知模式发展的促进作用是完全不一样的。当幼儿自己独立完成一件事情后,幼儿自主学习能力和自我意识能力也随之发展起来。

儿童关键期教学一体机的使用真正实现了幼儿为主体、教师为主导的原则。利用儿童关键期教学一体机教学有80%的教学活动都是在幼儿自主参与、教师在旁指导下完成的。

第二,真正实现游戏为主的教育法。

游戏为主是现代幼儿教育第一教育方法。因为在6岁前幼儿主要的学习方式就是游戏。小学式的教育方法不但不符合幼儿的身心发展规律而且还会严重地伤害幼儿的学习心理和思维模式。在儿童关键期教学一体机中,大量教学内容根据幼儿易于理解的时空概念和色彩结构转换的规律和特点来创设,把许多现代高科技的电脑制作技术融入到教材制作之中,使得传统教育中无法展示的内容和幼儿不容易观察到的内容得以实现。以游戏的原理和游戏的方式设计的教学内容,不但能极好地激起幼儿的参与意识和游戏心理而且易于幼儿理解、记忆和应用。

第三,真正实现现代幼儿教育核心教育目标——培养孩子浓厚的学习兴趣,并引导孩子建立良好的学习模式。

现代幼儿教育核心教育目标,即培养孩子浓厚的学习兴趣并引导孩子建立良好的学习模式。儿童关键期教学一体机采用全新的设计理念,教学内容新颖独特趣味性强,幼儿感知程度高,能够极大地激发幼儿的学习兴趣和学习动机。使用儿童关键期教学一体机不但能有效地集中幼儿的注意力,而且能够激发幼儿的好奇心和独立思考、独立发现问题的好习惯。

第四,真正实现教育目标与教育内容集成化、内隐化。

对于新手教师在教学过程中有两个最大的难点:一个就是理解和掌握教材的难点并有效地进行教学,另一个就是有效地控制教学过程使幼儿的思维活动和创造力在整个教学活动中得以真正的实现。儿童关键期教学一体机对教学的设计是系统化、标准化和最优化的。它针对教学难点和教学过程进行集成化和内隐化处理,许多教学难点都能够在教学过程中自然体现,使得教学内容易于理解、教学过程简单明了、流畅性好、逻辑性强,这样不但减轻了许多新手教师备课的压力,缩短了他们备课的时间,而且能够进行高质量的教学。

第五,真正实现教育效果即时反馈和个性化评价。

儿童关键期教学一体机大量运用 Flash 和 3D 动画制作技术,不仅能够在教学上实现“人机交流”、“师生交流”、“生生交流”,而且能够进行即时地教学效果跟踪和记录,即时反映出每个幼儿的完成时间和完成质量,从而使教师能及时了解每个幼儿的学习能力和学习效果。这就使得教师能对每个幼儿进行个性化的评价,从而能够开展真正的个性化教学、实现个性化教学,将是中国幼儿教育领域所要面临新的挑战与攻略。

殷红博 YINHONGBO 专家简介

殷红博教授，著名儿童心理与儿童教育学家、中国人民大学客座教授、研究生导师、中华名人协会会员、中国人才研究会教育人才专业委员会副会长、国际学校效能和学校改进学会成员。他在海内外出版18部专著，研究成果多次获奖。他是中国系统开展人类大脑发展关键期科学研究第一人，在国际上首次提出大脑发展关键期五大规律，他也是中国提出儿童关键期全素质教育理念并开展儿童关键期教学实践的第一人。经过30余年对人才学、社会学、成功学、儿童心理学与儿童教育学的理论研究和教学实践，殷红博教授在理论方面创立了《未来杰出人才教育学》、《儿童发展关键期教育学》和《儿童发展关键期教师心理学》等学科，在教学实践方面创立了《儿童发展关键期全素质课程》和《现代专家型幼儿园管理体系》，这些研究成果经过 16 年的幼儿园教学实践取得了理想的教育效果。殷红博教授是中国儿童智能全纳式教育创始人、北京博凯智能全纳幼儿园创始人、中国儿童关键期教育网创始人、中国儿童关键期多媒体教学课程创始人。

殷红博 YINHONGBO Expert Introduction

Professor Yin Hongbo is the famous child psychologist and child educationist, visiting professor of RUC, research supervisor, member of Chinese Celebrity Association, vice president of China Education Talents Research Association and member of International Congress for School Effectiveness and Improvement. Professor Yin Hongbo published 18 monographs at home and abroad and won several major awards for his research achievements. He is the first Chinese to conduct scientific research on human brain development critical period, for the first time he put forward the 5 rules of human brain development critical period in the world, he is also the first Chinese to formulate the concept of comprehensive quality education at children's critical period and the first one to carry out teaching practice at children's critical period. After more than 30 years theory research and teaching practice on talents studies, sociology, success science, child psychology and peadeutics, professor Yin Hongbo founded "Future Outstanding Talents Education", "Children's Development Critical Period Education", "Teacher Psychology in Children's Development Critical Period" and other courses, in the teaching practice he founded "Comprehensive Quality Courses in Children's Development Critical Period" and "Modern Specialist Kindergarten Management System", after 16 years teaching practice in kindergarten, the research achievements obtained ideal education effect. Professor Yin Hongbo founded the intelligent inclusive education for Chinese children, Beijing Bokai Intelligent Inclusive Kindergarten, Chinese Children's Critical Period Education Network and the Multimedia Teaching Course on Chinese Children's Critical Period.

本书简介

本书是殷红博教授30余年在以下7个领域创新性学术理论和成功教学实践的研究成果简介。

1. 在《儿童关键期教育与国民素质全面提升》研究中,作者提出未来国家的竞争就是教育的竞争,尤其是学前教育的竞争。要全面提升国民素质最理想、最经济、最实用的方法就是让全体国民在7岁前的发展关键期得到先进的学前教育。

2. 在《未来杰出人才教育学》研究中,作者提出学前教育要以未来杰出人才的核心素质为教育总目标。因为,未来二三十年后的杰出人才不是那个时代培养的,而是今天先进学前教育的结果。

3. 在《儿童发展关键期心理学》研究中,作者总结出人类大脑发展关键期的五大规律,并指出人类最核心的能力和心理素质的发展关键期几乎都在7岁之前。作者提出人类50%的发展关键期在3岁之前,70%的发展关键期在7岁之前。

4. 在《儿童发展关键期教育学》研究中,作者指出要根据儿童发展关键期规律和特征制定教育目标、教育内容、教育方法。因材施教的核心要点是因时施教。

5. 在《儿童发展关键期智能全纳教育学》研究中,作者指出让 7 岁前不同智力水平的儿童在发展关键期开展智能全纳式教育,将能收到最佳的教育效果。

6. 在《儿童发展关键期教师心理学》研究中,作者指出教师的心理健康决定了孩子的心理健康。要成为教育专家首先要成为儿童心理专家。

7. 在《儿童发展关键期教师教育学》研究中,作者指出儿童教育是一种信仰,是要求每一位教师为每一个孩子付出所有的爱、所有的智慧和一生。

About the book

This book is the research achievements introduction to the following seven fields of 30 years innovative academic theory and successful teaching practices written by Professor Yin Hongbo.

1. In the research of Children's Critical Period Education and Comprehensive Upgrade of National Quality, the author puts forward that in the future the competition of nation is the competition of education especially the preschool education. The most ideal, economical and practical method to improve the national quality is to make everyone receive advanced pre - school education before the critical period of 7 years old.

2. In the research of Future Outstanding Talents Education, the author proposes that the general objective for pre - school education should be core qualities of the future talents. Because the outstanding talents after 20 or 30 years are not cultivated at that time but the results of today's advanced pre - school education.

3. In the research of Children's Development Critical Period Psychology, the author summarizes 5 rules of human brain development critical period and points out the development critical pe-

riod of human's core abilities and psychological quality are all before 7 years old. The author puts forward that the development critical period of 50% human is before 3 years old while 70% is before 7 years old.

4. In the research of Children's Development Critical Period Pedagogy, the author states that education objective, content and method should be developed according to the regularities and characteristics of Children's Development Critical Period. The core of tailoring teaching is to teach in accordance with their age.

5. In the research of "Intelligent Inclusive Education at Children's Development Critical Period", the author indicates that if children of different intelligence levels under 7 years old accept intelligent inclusive education at the development critical period, best educational effects will be achieved.

6. In the research of Teacher Psychology in Children's Development Critical Period, the author comes up with the idea that children's mental health is decided by the teachers' mental health. You have to be a child psychologist to be an educational expert.

7. In the research of Teacher Pedagogy in Children's Development Critical Period, the author notes that children's education is a belief which requires every teacher to give all their love, wisdom and their lifetime to every child.

图书在版编目(CIP)数据

人才 教育 关键期/殷红博著.—北京:中国人口出版社,2014.6

ISBN 978-7-5101-2579-9

Ⅰ.①人… Ⅱ.①殷… Ⅲ.①儿童教育—文集 Ⅳ.①G61-53

中国版本图书馆 CIP 数据核字(2014)第 117732 号

人才 教育 关键期

殷红博 著

出版发行 中国人口出版社
印　　刷 北京市梨园彩印厂
开　　本 787 毫米×1092 毫米 1/16
印　　张 13.75
字　　数 130 千字
版　　次 2014 年 6 月第 1 版
印　　次 2014 年 6 月第 1 次印刷
书　　号 ISBN 978-7-5101-2579-9
定　　价 58.00 元

社　　长 陶庆军
网　　址 www.rkcbs.net
电子信箱 rkcbs@126.com
总编室电话 (010)83519392
发行部电话 (010)83530809
传　　真 (010)83519401
地　　址 北京市西城区广安门南街 80 号中加大厦
邮　　编 100054